0歳〜6歳
子どもの発達と レジリエンス 保育の本

〜子どもの「立ち直る力」を育てる〜

湯汲英史●著

Gakken

はじめに

子どもの移り変わり

　これまで40年ほど、子どもや青年と関わってきました。また1週間に一度、東京のある区の保育園にうかがっています。発達相談を行うためです。30数年、園にうかがうなかで、子どもたちの変化を感じるようになりました。

笑わない子、承認を求めない子

　子どもたちが、あまり笑わなくなった、という感想もそのひとつです。これは、大人の問題が大きいかもしれません。子どもと関わる大人が、子どもに笑顔を向けないことの影響が表れているように思います。人の表情ですが、相手の表情に反応して引き出されます。また、表情は学習もしていきます。笑顔に包まれた人たちに囲まれたならば、ひとりだけ怒った表情ではいられません。

　それとともに、たとえばかいた絵を「見て、みて」と持ってくる子が減ったように思います。承認欲求は、健全な成長には必要不可欠な要素です。周りから承認を得ることは、子どもの育ちにとって、なくてはならない「栄養素」でもあります。承認を求める姿が減ってきたのは、周りから承認を受ける機会、体験が少なくなっているからかもしれません。

レジリエンス＝「立ち直る力」が弱い子どもたち

　5歳、6歳になっても泣き叫ぶ子がいます。それがなかなか収まりません。そういう子を見て「幼い子」と感じたりします。本書を書き進めるなかで、子どもが本来持っているレジリエンス（立ち直る力）が不足し、弱いのではないかと考えるようになりました。レジリエンスが働かないと、子どもは気分も含めて、元の状態に戻ることが難しくなります。

ストレスを内に溜めない

　日本で30年ほど、子どもに英会話を教えているネイティブの先生がいます。その先生にレジリエンスの話を聞きました。彼女は、欧米人にとってレジリエンスはなくてはならないものと強調します。そして、「特にアメリカ人は、ストレスがかかった時に、それを周りの人たちに話す」とのことです。ところが一方で、「日本人の子どもは、ストレスがかかると、黙ってしまう。わたしはそれがいつも気になっていた」と彼女は続けました。
　わたしが関わっている不登校（園）、引きこもりの子どもや青年たちは、確かにうまく自分のことを表現できません。そして、仲間と呼べる友だち関係を築けていない子が多いと感じます。

大切な仲間の存在

　この本では仲間の存在を重視しています。どうやって、仲間との関係を作らせていくかについて、発達に合わせて解説しています。仲間との関係の大切さは、園にうかがうなかでも感じてきたことです。

レジリエンスを支える9つの力

　本書では、レジリエンスを支える9つの力をあげ、そのことについてまとめました。また、レジリエンスを獲得した子どもなどの実例を、専門家にまとめてもらいました。レジリエンスとは何か、それが身近なものになることでしょう。

子どもの発達とレジリエンスに必要な配慮

　子どもの発達に合わせて、立ち直ってまた頑張ろうと思う力を身につけさせるために必要な視点、また具体的な取り組みをあげ、レジリエンスを目的として、子どもと関わる際に参考となるようまとめました。

幼児期の先にあるもの

　幼児期の先に、子どもはどう発達していくのか、そのことについて知りたいという要望があります。それで、幼児期だけではなく、学童期の初めについてもふれました。

湯汲　英史
（ゆくみ　えいし）

もくじ

はじめに …………………… 2

レジリエンスとは……

もともと人間に備わっている力 … 6

立ち直れる子と影響する要素 … 7

変化と成長を実感する … 8

自分で判断する … 9

レジリエンスを支える9つの力

1. 考えや感じ方を修正できる力 … 10

2. 忘れる力 … 11

3. 考えを受け入れる力 … 12

4. 教えてもらうための
   質問をする力 … 13

5. 承認を求める力 … 14

6. 確認する力 … 15

7. 柔軟な見方ができる力 … 16

8. 応援されて喜びを感じる力 … 17

9. 励まし、慰めてもらえる力 … 18

Part1 子どもの育ちから見る レジリエンス

1 子どもという特性 …… 20

① 言語化とは …………… 22

② 社会性の育ちとは …… 23

③ 理解力とは …………… 24

④ 周囲の影響力とは …… 25

⑤ 気質の違い …………… 26

⑥ 子どもと仲間関係 …… 29

⑦ 家庭と社会の問題 …… 31

2 自分を客観視する
……メタ認知の形成と獲得 … 34

① 他の子と比較する …… 36

② 矛盾を乗り越え、
  成長する子ども … 38

③ 別の視点と大人の役割 …… 40

3 社会性の発達とレジリエンス …… 42

① レジリエンスをはぐくむための
  大人の役割 …………… 44

② 自己主張の時期<「イヤイヤ」期> … 46

③ 役割に気づく …………… 50

④ 競争する ……………… 54

⑤ 話し合う ……………… 58

⑥ 決まりやルールを守る … 62

⑦ 道徳を守る …………… 66

4 社会性の発達と仲間関係 …… 70

仲間と付き合う・学ぶ …………… 71

Part 2 事例から見る レジリエンス

現場から 1
園の巡回相談で出会った
子どもと保護者 ①

**他の子のものを
取る子ども**

Sくん（3歳児 保育園）
———————— 78

現場から 2
園の巡回相談で出会った
子どもと保護者 ②

**「イヤイヤ」期にいる
子ども**

Yくん（3歳児 保育園）
———————— 79

現場から 3
園の巡回相談で出会った
子どもと保護者 ③

**親からネグレクトされ、
愛着関係が
築けていない**

Tくん（4歳児 保育園）
———————— 80

現場から 4
園の巡回相談で出会った
子どもと保護者 ④

**ことばの遅れから、
知的障害があると
「誤診」**

Fちゃん（5歳児 保育園）
———————— 81

現場から 5
園の巡回相談で出会った
子どもと保護者 ⑤

**園の生活に疲れて、
やっていることを
途中でやめてしまう**

Mちゃん（5歳児 保育園）
———————— 82

現場から 6
園の巡回相談で出会った
子どもと保護者 ⑥

**クラス崩壊? からの
脱出**

（3歳児クラス⇒5歳児クラス 保育園）
———————— 83

現場から 7
園の巡回相談で出会った
子どもと保護者 ⑦

**感情の揺れが激しく
乱暴で、「多動」と
見られてしまう**

Sちゃん（5歳児 保育園）
———————— 84

現場から 8
園の巡回相談で出会った
子どもと保護者 ⑧

**考える力が弱い子の
母親が、園の対応に
いらだ ってしまう**

Yくん（5歳児 保育園）
———————— 85

現場から 9
「療育」に通う子どもの
ケース ①

**友だち関係がうまく
いかず、生活も不規則・
不安定に**

Cちゃん（小学5年生）
———————— 86

現場から 10
「療育」に通う子どもの
ケース ②

**誰にも相談できず、
悩みを抱えてしまう**

Dくん（専門学校2年生）
———————— 87

現場から 11
「児童発達支援」に通う
子どものケース

**何ごとにも不安で
自信が持てず、力を
発揮できない**

Cくん（3歳児 幼稚園）
———————— 88

現場から 12
「放課後等デイサービス」に
通う子どものケース

**人との距離感が
つかめず、友だちと
うまく関われない**

Uちゃん（小学2年生）
———————— 89

現場から 13
中学校の「相談室」に
通う子どものケース ①

**部活での友人関係に
悩み、自分の殻に
閉じこもってしまう**

Eさん（中学1年生）
———————— 90

現場から 14
中学校の「相談室」に
通う子どものケース ②

**今の自分を受け入れる
ことができず、
頑張りすぎてしまう**

Aさん（中学3年生）
———————— 91

現場から 15
「クリニック」に通う
子どものケース ①

**自立の時期に関わる
葛藤と身体的反応**

Eちゃん（小学5年生）
———————— 92

現場から 16
「クリニック」に通う
子どものケース ②

**父親―息子関係の
困難さとレジリエンス**

Kくん（中学2年生）
———————— 93

おわりに ———————— 94

レジリエンスとは……

もともと人間に備わっている力

「レジリエンス」とは、「立ち直る力」など、さまざまなことばに翻訳されています。もともとは、人間の心の「回復力」のことです。このレジリエンスが自然にあることで、ストレスを受けても、それにめげることなく、生活していくことができます。

最近、レジリエンスが注目されるようになったのは、自然に立ち直る力が弱まってきたからなのかもしれません。時代は、ものすごいスピードで変わっています。大人のなかには、毎日がストレスフルと感じている人もいることでしょう。

本来、子どもたちは柔軟な存在です。柔軟だからこそ、いろいろなことを学べるし、新しい環境にも慣れることができます。

しかし、自然に備わっているはずのレジリエンスが働かない子たちがいます。立ち直る力がうまく機能しない子たちです。そういう子たちのなかには、園に通えなくなったり、小学校では心身症や不登校になったりする子がいます。いじめにあい、それが原因で仲間集団に入れなくなる子もいます。心の病へと進む子もいます。

このような子どもはストレスを抱え込み、それをはじき返すための立ち直る力がうまく働きません。自然に備わっている力が機能していません。子どもは大人と違い、成長、発達の過程にあります。レジリエンス、立ち直る力をつけていき、ストレスに耐えられるよう、子どもを育てましょう。

レジリエンス
とは……

立ち直れる子と影響する要素

成長途上にある子ども

　レジリエンスはあるものの、自分ひとりで回復できるかといえば、子どもの場合はそうともいえません。さまざまな要素に影響を受けるからです。

　子どもは言うまでもなく、成長の途上にあります。大人のように、考え方や困った時の対応法などが身についていません。また、「困っているかどうか」の判断がつかない場合もあります。

　子どもが困って混乱している時には、状況を説明する必要があります。また、どう理解し、対応していくかについてもヒントを与えたり、具体的なアドバイスが必要です。周りに助けられながら、困ったことを乗り越えた体験が、子どものレジリエンスを確かなものにするはずです。

仲間の力・周りの力

　子どもが親の影響を受けるのは、9歳くらいまでとされます。そのあとは、仲間の意見や振る舞いが、子どもに影響を与えだします。後述しますが、仲間の存在はレジリエンスに深く関係します。

家庭環境とその影響

　子どものレジリエンスは、家庭環境も影響します。暴言なども含めて、虐待は悪影響を与えるひとつの要素です。

　また、生活リズムが整っていることは、子どもの心の安定につながります。

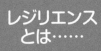

レジリエンスとは……

変化と成長を実感する

忘れてしまう過去の姿

　大人は、子どもの過去の姿をよく覚えていません。特に親ともなれば、現在の育児が頭を占めているためか、過去をゆっくりと振り返る機会が少なくなるのでしょう。

その時の姿を記録し伝える役割

　子どもたちと関わるなかで、半年前、1年前の姿を保護者に伝えます。そうすると、子どもの変化と成長を実感できるようです。専門家として、子どもの姿を評価し、記録として残し伝えます。そのことが、「成長している」という保護者の実感へとつながります。

　保育園、幼稚園、こども園など、幼児と関わるさまざまな機関がありますが、その役割のひとつには、子どもを長期間にわたり観察し、評価することがあげられます。そして、その評価を記録に残し、自分たちで子どもの成長を実感するとともに、保護者にもその実感を伝えたいものです。

「行動化」から「言語化」へと進む発達

　幼児期の前半には、泣いて騒いでいた子が、徐々にことばで意思を示すようになります。「先生、〇〇くんがたたいた」と大人に話すようになります。これは言いつけのようですが、たたかれたその場でやり返さなかったのは、子どものまさに成長した姿です。

　幼児期では、こうやって大人に解決を求めますが、小学校に入ったあとは、子どもたちだけで問題を解決するようになります。そのうちに、自分で考え解決する力がついてきます。

レジリエンスとは……

自分で判断する

自分の意見を言う

　カリフォルニアから来た、ふたりの女子中学生と話したことがあります。彼女たちは、はっきりと意見を言います。意見を聞きながら、正直すぎて、日本では誤解されかねないと思いました。一方で彼女たちは、日本の女子中学生に物足りなさを感じた可能性もあります。

選択できる力

　彼女たちに、将来なりたい職業を聞きました。歌手と作家でしたが、人の役に立ちたいからとも言います。どうやったらその夢を実現できるかも考えていて語りました。これから先の世界は、何が待っているかわかりません。未来を切り開くために自分で選択できる力は、今後、生きていくうえで必要な能力になるでしょう。

ゆるやかな手綱（たづな）

　イギリス人のお母さんに育てられた知人は、「子どもはきつい手綱ではなく、ゆるやかな手綱で育てなさい」と教えられたと言います。

　きつい手綱の育児法では、子どもに「右に行きなさい」と指示し、その道に進ませます。ただ、このやり方では、子どもは自分で選ぶ力が身につきません。

　ゆるやかな手綱の育児では、「右と左の道があります。あなた自身で、どちらの道に進むかを決めなさい」と子どもに言います。そうやって、子どもに考えさせ、選択できる力を身につけさせます。これを幼児期からやり続けたら、自分なりの考え方を持つはずです。

レジリエンスを支える**9**つの力

1. 考えや感じ方を修正できる力

仲間と修正力
　自分の考えの間違いを指摘し、修正させてくれるのが周りの人です。特に友だちは「違う」と間違いを指摘してくれます。時には、「○○くんはそうだけどね。ぼくは〜だ」のように、話し合いが生まれ、自分の考えを修正できるきっかけとなります。

思い込みを修正する力
　レジリエンスは、ある面では「自分の思い込みを修正できる力」ともいえます。周りの意見に従い、自分の考えを変えられた時にはほめましょう。

柔軟な思考力
　自分の考えはありながら、他の子の意見を聞き入れ修正できるのは、周りに従順ということではありません。考え方が、ある面で柔軟といえます。
　なかには、周りの子たちにいつも従ってしまう子もいます。そういう子の場合には、意見を引き出し、表現させることも必要です。

独創力
　子どものなかには、ユニークな見方をする子がいます。おもしろい発想をするので、子どもたちの人気者になる子もいます。
　大人の考え方と違い、時には対立することもあるでしょう。しかし、こういう子は独創的ともいえるかもしれません。子どもの考え方を否定せず、受け止めることも必要です。

従順さではなく、柔軟性を持つことが大切。

2. 忘れる力

大人と子ども、言語力の違い

　子どもとの話し合いですが、大人へのカウンセリングと根本的に違う点があります。大人は言語化することで、自分の考え方を修正できます。たとえば、「人間関係がうまくいかない」と言う人には、カウンセラーは「人間関係がうまくいかないと感じているのですね」と返したりします。そして、どうしてそう感じるのかと、話を進めます。大人は話を通して、自分の心にある悩みなどをことばで明確にし、それへの解決策を考えることができます。

「誤った信念」は危険

　一方で子どもの場合、「いじめられている」と話した時に、大人がいじめられていることを肯定するような返事をすると、それが「真実」になる可能性があります。心理学では「誤った信念」といいますが、ことばにすることで「真実」になると危険です。子どもの言語能力、理解力に合わせて話をする必要があります。

忘れる力はレジリエンスのひとつ

　ストレスに必ず向かい合うというのは、決して得策とはいえません。ストレス源そのものを忘れてしまうのも、立ち直る力のひとつです。「もう忘れなさい」「気にしない」ということばも、子どもを回復させます。

　大人の視点でものごとをとらえず、さほど大切でないトラブルなどは、忘れさせましょう。

> 心の回復には、ストレスの源を忘れることが助けになる。

3. 考えを受け入れる力

素直さという力
　何かを学ぶ時には、素直な気持ちが必要です。素直さは、学習姿勢ともいいますが、「人の話をちゃんと聞く、お手本などをよく見る、お手本をまねて作る」という力につながります。

素直さとレジリエンス
　おおむね、自分の意見を持ち、それを相手に理解してもらえるよう議論できるのは、小学校も高学年です。そこまでに至らない子には、人の考えや意見を素直に受け入れることも必要なことを教えます。特に困った時、問題に直面した時に、対応を教えてもらうのは解決への近道でもあります。また、確実な解決法でもあるでしょう。こういう体験を積むことで、レジリエンスが育つはずです。

早熟で理解力の高い子ども
　なお、子どものなかにはことばの成長が早く、論理的に表現できる「早熟な子」もいます。そういう子は、早くから大人と議論ができたりするので、その考えを大人が受け入れて、話し合いを進めましょう。

その場では表現しない子ども
　大人は、「わかりました」と言って、理解したことを示します。しかし、子どもが「わかりました」と言っても、正確ではなかったりします。言動を見て、理解したかを確認します。

人の意見を素直に聞けると、相手にも理解してもらえる。

4. 教えてもらうための質問をする力

「できない」と言う子

2歳頃から、子どもは何かがうまくいかないと、「できない」と騒いだりします。その様子を見て大人は、子どもが「できるようになりたい」と思っていることがわかり、できるように手伝います。

「できない」と訴えない子

一方で、「できない」と訴えない子もいます。「できない」と訴えないと、子どもは「できるようになりたいと思っていない」と、大人は考えてしまいがちです。

子どもはできるようになりたいのですが、教えてもらえず、結果的にできないので「自分はできる」という気持ちが育ちにくくなります。こういう子には、「できるようになりたい？」と聞きます。そして、「じゃ、教えるね」と言い、手伝いましょう。

「教えて」と言えない子

また、「わからない、教えてください」と言えない子もいます。6歳になってもこのことばを獲得していないと、勉強の際など不都合になります。人から教えてもらえないからです。

質問するのが苦手なのは大人も同じかもしれません。人に聞かずに、ネットなどで調べる人が増えています。自分で解決しようとすることは大事ですが、人に聞くことは、適切な答えを知ることにつながります。将来のレジリエンスにも、よい影響を与えるでしょう。

質問できることが、適切な答えを知ることにつながる。

5. 承認を求める力

社会的承認欲求

子どもは、2歳頃から何かができた時に「見て、みて」と周りに承認を求めだします。言語能力がついてくると、「聞いて、きいて」と訴えるようになります。この言動を「社会的承認欲求」といいます。子どもは、さまざまな価値観や宗教などを持つ社会で生きていかなくてはいけません。社会のさまざまな場面において、それに合わせた振る舞い方が子どもには求められます。

その社会で求められる振る舞い方を、言語能力の不十分な子どもは、説明されてもわかりません。そこで、実際の振る舞い方に対して、よい評価を受ければ、求められているものであることがわかります。

やってはいけないことを知る

叱られれば「やってはいけない」と理解します。社会によっては、タブーとされることもあります。それを学ばないと、その社会で上手に生きていくことが難しくなります。

承認の求め方を教える

承認を求めない子には、「『見て』って言うんだよ」と伝えます。「聞いて」と表現しない子には、「お話、聞きたいな」と話しかけます。

そうやって、承認されることの喜びを伝えるようにします。承認されることで、レジリエンスは伸びることでしょう。

> 承認されることで、求められる振る舞い方がわかるようになる。

6. 確認する力

間違わないですむために
「これでいい？」と子どもが聞きます。それに対して、大人は「それでいいよ」とか「こうした方がいいよ」と答えます。子どもは確認することで、正しいやり方を知り、失敗しないですみます。成功すれば、自信もつくことでしょう。ただし、何でも質問してくる子には、「自分で考えて」と言うことも必要です。

確認しない子
一方で、確認せずに自分流にやる子がいます。こういう子は、失敗することもあるでしょう。レジリエンスが高くない子は、不必要な失敗を重ねすぎているように思います。子どもに、「これでいい？」と確認することを教えます。

「貸して」「いいよ」のことば
子ども同士の争いの原因に、他の子のおもちゃを勝手に使う、というのがあります。「貸して」と言い、相手から「いいよ」と言われてから使うことがわかっていません。兄弟姉妹がいないと、貸し借りのことばが学びにくかったりします。「貸して」「いいよ」は必ず学ぶべきことばです。

勝手に使ってはいけない
友だちの家に行った時に、勝手に飲み食いしてはいけないことがわかっていないと、トラブルのもとになります。学校に行った時に、勝手に先生のものを使ってはいけないことも学ぶ必要があります。ことばを教え、体験を通して身につけさせましょう。

不必要な失敗を避けるためには、確認することが大切。

7. 柔軟な見方ができる力

二分法の見方
　子どもが、「できた＝○」「できない＝×」と判断しだすのは2歳前後からです。ものごとを二分法で判断しだします。ただし、ものごと全てを二分法でとらえるのは無理があります。○か×かよりも、○かもしれないし×かもしれないことが多いのが現実です。人によって、○と×の判断が分かれたりもします。

柔軟な見方
　「欲しいおもちゃがある」と思っておもちゃ屋さんに行ったら、なかったりします。自分の思うようにならないのが現実です。こういう体験をしながら、子どもは「～かもしれない」という見方をしだします。4歳台から見られるようになってきます。
　「かもしれない」という見方ができない子には、このことばを教えます。「あるかもしれないし、ないかもしれない」と話しておきます。「たぶん」「おそらく」も同じ働きを持ちます。

レジリエンスを阻害する二分法的見方
　大人のレジリエンスですが、二分法でものごとを判断するために問題を抱えやすい人がいます。「絶対」「全然」といった見方をするために、ストレスを受けた時に立ち直る力が弱くなる場合もあります。現実は、自分の思い通りになるとは限りません。ストレスに対して立ち直る力を与えるのが、柔軟な見方といえます。

「○か×か」と決めつけない見方が大切。

8. 応援されて喜びを感じる力

応援する子ども
　子どもたちが、リレーなどで自分のチームを、「頑張れ！」と言って応援します。特定の子に、声援が集まることもあります。走っている子は、応援を受けて、スピードアップしたりします。

一体化する子ども
　応援や声援を送りながら、子どもは頑張っている子どもと、互いの気持ちが一体化しているのでしょう。そこには、「勝ちたい、勝ってほしい」「うまくやりたい、うまくやってほしい」という、本人の気持ちと応援する子どもの願いがあります。そのことで、子どもたちは一体化する喜びを感じるのでしょう。
　応援する子どもたちの表情は真剣です。応援を受ける子どもも真剣です。自発的に生まれる姿ですが、集団を形成する人間の持つ本質的な部分から発生しているのでしょう。

誰かが応援してくれるという実感
　サッカー観戦での熱狂的な盛り上がりを見ていると、その思いが自分の心にも生まれてきます。スポーツ選手が、「皆様の応援を受けて勝つことができました。ありがとうございました」とインタビューにこたえることがあります。きっと、大人も子どもも同じ気持ちになるのでしょう。誰かに応援されているという実感は、ストレスを受けた時の立ち直る力に重要な働きをすると感じます。

応援される実感がストレスからの回復を助ける。

9. 励まし、慰めてもらえる力

慰める子ども
　応援を受けながら必死に頑張っても、思うような結果にならないことがあります。たとえばゲームで負けた子どもの横に座る子がいます。子どもだから、慰めのことばをうまく表現できないのでしょう。でも、横に座る姿には、思いやりの気持ちがうかがえます。負けた子の背中をさすって、慰める子もいます。優しい思いが伝わってきます。

励ます子ども
「今度頑張ってね」と励ます子もいます。励まされた子は「次に頑張ればいい」と思うことでしょう。そのことで、気分の転換がはかられ、立ち直っていきます。

大切な子どもの集団と働き
　子どもたちが、集団で競争しだすのは4歳台からです。椅子取りゲームやフルーツバスケットに熱狂しだします。また、グループ分けをしてのかけっこにも、熱中するようになります。
　勝ちたい子どもですが、必ずしも思い通りにはなりません。負けて悔しい思いをすることがあります。そういう子を慰め、励ます子どもの存在は、集団の発生、慰め、励ましの気持ちと深い関係があるのかもしれません。
　慰め、励ます子どもたちの姿を見ていると、周りの子たちから助けられながら、子どもの心は回復していくと感じます。

励まされることで、くじけた心が立ち直れる。

Part 1

子どもの育ちから見る
レジリエンス

子どもがレジリエンス（立ち直る力）を身につけるためにはどうしたらよいのか、
発達に合わせて、保育者に必要な視点と具体的な取り組みを考えます。

1 子どもという特性

発達を理解し、子どもの全体像をとらえて
レジリエンスを考えていきます。

	ことばの発達とその目安	社会性の発達とその目安	
乳児期	●なん語を発しだす ●マ、パ、ブ、プの発声ができだす ●8か月頃から、お手てパチパチなどの「芸」をしだす ●「メンメ（だめ）」と言われると、動きを止める ●「パパ」「ブーブー」、といった音をまねしだす	●ほほえみかける　●刺激を受け、発声する ●不快に対して泣いて訴える ●人見知りをする　●人が喜ぶことをする ●ほめられることを喜ぶ　●「ちょーだい」に手渡す ●「バイバイ」「メンメ」がわかる	
1歳頃	●指さしが位置を示していることがわかる ●「ママ」「パパ」の意味がわかり使う ●「あーあ」と言って、ものの名前を人に聞いたりする ●身近なものの名前がわかる ●急速に理解できることばの数が増える	●指さしをする　●他の子と取り合いをする ●「嫌いなものを食べたら好きなものをあげる」という 　ルールがわかる ●言われて、ある程度の時間、待てるようになる ●「誰」「何」の疑問詞がわかる	
2歳頃	●2語文が話せるようになる ●「大きい」がわかる ●助詞を使える ●3語文が話せる ●動詞がわかる	●「イヤイヤ」期が始まる　●自分で決めたがる ●他の子と平行あそびをする　●自分であそびを見つけ、取り組む ●親から離れて行動するようになる　●「どこ」がわかる ●「残念」と言われるとあきらめられる ●「なんで」と言い、理由を聞く ●「見て、みて」と言い、人からの承認を求める	
3歳頃	●「動物」「乗り物」「食べ物」などの抽象語がわかる ※抽象語／犬、象などは実在するが、「動物」は存在しない。 　カテゴリー別に区分けするためのことば。 ●自分の姓名を言う	●お手伝いをしたがる ●「りんごは、どうやって食べるの？」と聞くと、「皮むくの」 　などと説明する ●2、3人の少人数であそぶ ●「いつ」がわかる	
4歳頃	●自分の体験したことを、感想を入れたりしながら 　大人に話す ●（4歳後半）前後上下がわかる	●集団であそび始める ●負けると泣き騒ぐことがある ●約束ができるようになる	
5歳頃	●左右がわかる ●わからない字を大人に聞く ●数字を拾い読みする ●自分の名前をひらがなで書く	●じゃんけんをする　●勝ち負けにこだわる ●仲間意識を持つようになる　●抑制力が働きだす ●集団が形成されだす ●子どもだけで話し合いができるようになる ●劇など協同でできることが増える ●人の役に立つことを喜ぶ　●約束ができるようになる	
6歳頃	●ひらがながほとんど読める ●曜日がわかる ●何月何日かを言う	●サッカーなど、チームで競い合う ●他の子と協同で絵をかく ●道徳的な判断ができる ●栄養のことがわかりだし、自分から嫌いなものでも食べる ●雨になりそうなど、目の前にないことを予測し、準備をする	
7歳頃	●時計が読める ●「ふたつを比較して、片方が〇個多い」ことがわかる ●物語のあらすじを言える ●相手に合わせながら、会話が続くようになる	●道順を説明できる ●人の気持ちを表現する	

理解力の発達とその目安	自分の確立・自己コントロールとその目安
●がらがらを振る、しゃぶる ●「いないいないばあ」を喜ぶ ●太鼓などおもちゃの楽器を鳴らす ●両手に積み木を持ってたたく ●マルを型にはめられる	●睡眠時間が安定してくる ●自分の名前を呼ばれてわかる
●レジスターなど、「ボタン系」のあそびに興味を持つ ●砂あそびや水あそびを楽しむ ●見立てあそびをする ●なぐりがきをする ●型はめができる	●自己認知ができて、鏡のなかの自分を見てあそぶ ●「自分の母親」「自分のおもちゃ」など、人、ものに「自分の」 　という所有意識が生まれる
●ままごとあそびをする ●「自分で」と言い、自分でやりたがる ●あそびに集中、持続する ●黒と白など、色別に分けられる　●同じもので分けられる ●「大きい―小さい」がわかる　●縦線・横線の模写ができる	●自分なりの「いいこと」と「いやなこと」が生まれ、ものごとを 　判断する ●「はんぶんこ」と言われ、他の子に分け与えることができる ●「行ってきます」に対して、「行ってらっしゃい」と返事するなど、 　同じ場面で、違うことばを言うようになる ●自分と他者が分離しだす　●ままごとあそびをする
●なぐりがきをして、「ママ」などと言う ●マルの中に目や口を描く ●「同じ」「違う」がわかる ●「男と女」「暑い―寒い」などの反対概念を理解する ●「のどが渇いたらどうしますか」に「水を飲む」と答えられる ●「3つ」の集合数がわかる　●マルが模写できる	●順番がわかり守れる ●自分の「好きな」友だち、あそびなどがはっきりとしてくる
●4色（赤、青、緑、黄色）の色の名前が言える ●簡単な段取りを立て、準備をすることができる ●「目は何をするもの？」の質問に、「見るもの」と答えられる ●役割がわかるようになる ●1番目、2番目などの順序数がわかる	●万能感が高まる ●得手・不得手を意識する ●選択的注意ができる ●集団あそびのルールが守れるようになる ●1番になりたがる
●10まで、数がわかる ●三角形が模写できる ●しりとりあそびをする	●話し合いができるようになる ●じゃんけんがわかる ●自分の性別と男女の違いを知る ●女子は「かわいい」でものを選びだす（傾向がある） ●「かっこいい」に憧れだす
●ひし形が模写できる ●自分なりに状況を理解し、解決しようとする	●多数決を理解する ●ものごとを道徳で判断する 　（赤信号では渡ってはいけないなど） ●野菜は健康のために食べた方がいい、運動は大切など、 　一般常識でものごとを判断する
●かわいそうな話を聞くと涙ぐむ ●ものの値段を理解する	●泣くことは赤ちゃんのようで恥ずかしいと思う

＊ここでは「おもちゃあそび」「知識」「模写」を主な内容としました。
　ほかのテーマよりも、内容の範囲が広くなっています。
＊これらの項目の一部は、発達検査や知能検査で採用されてもいます。

＊乳幼児期の子どもは、「ことば」「社会性」「理解力」「自分の確立と自己コントロール」が、明確には分けられません。
　相互が深く関わり合い、全体が形作られているからです。そのために、各テーマの項目がはっきりとは分かれていません。重なるところがあります。

1 子どもという特性

①言語化とは

「行動化」から「言語化」へと進む

　赤ちゃんは、おなかがすいた、おむつを替えてほしい、眠いのに寝られない、といった不快に対して、泣いて訴えます。

　1歳児は、自分のお母さんが他の子を膝に乗せると、その子を押しのけたりします。自分のおもちゃを取られると、たたいたりします。これが「行動化」です。不快や要求を、行動で示します。

　他の子のおもちゃを借りる時に、「貸して」と言い、その子が「いいよ」と言ったあとにあそび始めます。5、6歳になると、たたいたり蹴ったりすることはいけないことだとわかりだします。「お口で言わないとダメだよ」と話したりします。これは、道徳判断ができるようになるからです。これらの姿を言語化といいます。発達は行動化から言語化に向かい、進むとされています。

ことばの力

　ものごとを理解し、それにどう対応していくかを考えたり話したりする時に、ことばの力が必要です。ことばの力は、レジリエンスと密接な関係があります。

ことばの働き

　ことばには3つの働きがあるとされます。

①**コミュニケーションの道具**
②**思考の道具**
③**行動をコントロールする**

　①と②はわかりやすいのですが、③の「行動をコントロールする」はわかりにくいかもしれません。1歳半ばくらいから、「手はお膝ね、待っててね」と言われると、少しずつそれが守れるようになります。子どもは、「手はお膝ね」と言われて、自分の膝に手を置きます。ことばによって、自分の体をコントロールしだします。

　「待っててね」のことばで、立ち歩かずに待ちます。この時も、ことばによって自分の行動をコントロールしています。

集中と抑制

　子どもの発達で、抑制力を育てることが大切といわれるようになりました。4歳前後から、子どもは周りの子たちがどんなに騒ぎ、動き回っていても、折り紙やお絵かき、ブロックあそびなどに熱中する姿を見せるようになります。やりたいことをことばで表現し、取り組みます。

　自分に必要なことだけに注意を向けることから、「選択的注意」といわれます。選択的注意では、今やっていることに不必要な刺激を、「抑制力」により取り入れないとも考えられます。

　この抑制力やことばの力により、周りの刺激に気を奪われることなく集中できます。抑制力が働かないと、うまく学べなかったり、失敗することも多くなったりするとされます。

② 社会性の育ちとは

大人との関わり

　社会性には、さまざまな側面があります。子どもは発達の途上にあり、社会性の面も未熟で未分化です。そのことを忘れてしまう大人もいます。特に「イヤイヤ」期で、子どもとの対応に疲れ果て、親としての自信をなくす人もいます。

　子どもにとって、頼れる大人がいることは大切です。大人は子どもに安心をもたらします。赤ちゃんの時は、親など大人に全面的に依存しています。依存しながら、自分が全面的に肯定されていると感じるとされます。しかし、2歳前後から「自我」が芽生え、「イヤイヤ」期が始まります。自分の要求を通そうとし、それが通らないことも学びます。

　大人から学ぶことも増えて、人からの学び方を身につけていきます。子どもとの関わりでも、頼れる子がいると、グループがまとまります。レジリエンスと、「頼れる存在」は関係していることでしょう。

他の子との関わり

　ひとりであそんでいたのが、「平行あそび」※から「協同あそび」※へと進んでいきます。さらに、集団でダイナミックにあそべるようになっていきます。

　集団でのあそびですが、あそびのルールを守らなくては成立しません。互いに役割を持ち、それを果たさなくてはいけません。

感情のコントロール力

　赤ちゃんの時は、泣いて要求していた子が、徐々に泣かなくなっていきます。小学校に入る頃には泣くのではなく、ことばで訴える姿を見せるようになります。

　怒りなどの気持ちも同じで、ことばで表現できるようになります。感情のコントロール力を身につけ、レジリエンスを獲得します。

成熟していくという視点

　子どもの発達ですが、強靭性（タフネス：環境などの影響をあまり受けずに成熟していくこと）があるとされます。特に、幼児期の発達では順序性があります。「歩く」では、首のすわり、寝返り、はいはい、つかまり立ちなどその順序が決まっています。ことばや数の理解も段階があり、それらをひとつひとつクリアしていきます。社会性にも一定の段階があります。ただ、社会性は家庭環境も含めて、人との関係などさまざまな要素から影響を受けます。

平行あそび
同じ場にいても、子ども同士が互いに協力してあそぶのではなく、ひとりひとりであそぶこと。

協同あそび
子ども同士が、互いにあそびを共有しながら影響し合うようなあそび方。

1　子どもという特性

2　自分を客観視する

3　社会性の発達とレジリエンス

4　社会性の発達と仲間関係

1 子どもという特性

③ 理解力とは

同じ絵本を何度も「読んで」と言う子ども

子どもは1歳前後からことばを理解しだします。そして、6歳頃になると大人との会話が自然な感じでできるようになります。この頃、ことばの理解が飛躍的に成長していきます。

子どもがなぜ、同じ絵本を何度も「読んで」とせがむのか？ この背景には、子どもの言語理解の成長と関係があると思います。毎日、ことばの力を伸ばしているので、同じ内容だからこそ、聞くたびに絵本への理解度が異なり、深く理解していくことになると思います。

体験が理解力を高める

子どもは、体験を通してものごとへの理解を深めていくとされます。特に運動は、自分の体のイメージ（ボディイメージ※）を獲得させます。そのことで、体の動かし方とともに、ものの操作の仕方などを学びます。

幼児期は、バランス能力や協応動作※の力が伸びるとされます。なわとびの時に手は回転運動、足は上下運動のように、方向性が違う動作をします。違う動きを協応させないとできません。

楽しいという気持ち

最近の心理学では、楽しいことしか身につかないともいわれています。子どもは、運動も、あそびも、お絵かきも、わくわくして楽しいから、集中、持続して取り組みます。楽しいから何度も、意欲的に取り組めます。だから習熟し、上手になっていきます。子どもの楽しい気持ちを、かき立てたいものです。

理解力も発展途上にある

子どもの理解力は、個々に違いがありますが、年齢には一定の目安があります。子どもの理解力のレベルを知り、それにそって説明などをする必要があります。

理解できない話では、レジリエンスは育ちにくくなるでしょう。

ボディイメージ
自分の体に対する実感。人はボディイメージにより、自分の体の状態や動きなどを認識できる。たとえば、狭いところを通る時などに、ボディイメージが働き、通れるかどうかを判断する。子どもは、体を動かすことで、自分のボディイメージを獲得していく。

協応動作
目的に合わせて体の部位を動かすこと。なわとびは手や腕を前後に動かし、一方で足は上下に動かす。手と足の動きは違うが、それを上手に協応させることでなわを跳ぶことができる。

④ 周囲の影響力とは

家族の影響を受けやすい
　ここでは、子どもがどうやって自分を確立していくかについて紹介します。どのような自己意識があるかは、子どもに説明する時に押さえておく必要があります。子どもの脳の成熟においては、睡眠時間も影響するとされています。
　家族が子どもに与える影響は決して少なくありません。子どものレジリエンスと、家族のあり方は関係すると思われます。

守られているという思い
　子どもは臆病でもあります。自分だけでは、自分の身を守れないことを知っているのでしょう。だから力強いものに憧れます。
　時に、強く抱きしめ、あるいは危ない時には強く注意することも必要です。そのことで、見守られていることを実感します。

「安定した暮らしのなか」で育てる
　子どもは、大人の庇護がないと生きていけません。安定した、調整された環境で、活動と休息、食事と睡眠を安定させる必要があります。
　食事は偏らず、栄養バランスのよいものが必要です。睡眠も重要です。子どもは、「食事が十分にとれない」「眠い」「疲れている」という状態に強く影響を受けます。満ち足りていないと、赤ちゃんがぐずるように不機嫌になります。
　午前中に不機嫌な子どもは、食事、睡眠が足りず、疲れている可能性があります。

休息への配慮
　学校では、授業の間に休憩時間があります。頭の切りかえと休息に必要だからでしょう。園のなかには、子どもの休息への配慮が薄い所もあります。大人が考えたプログラムを、目いっぱいやろうとします。疲れた子どもはついていけず、不機嫌になることもあります。
　ごろごろし、だらだらしながら子どもは休息をとっています。大人との違いを理解し、子どものペースを尊重することも必要です。

レジリエンスをはぐくむ
　「今日は遠足だったから疲れているよ、早く寝なさい」と親は子どもに言います。子どもは、自分の体の状態がよくわかっていません。特に、疲れると動き回る子がいます。休息をとるよう指示する必要があります。
　寝不足や栄養不足は、ストレスへの対応力を下げることがわかっています。頭で考えるよりも、食事、睡眠、休息が立ち直る力を与えてくれます。

1 子どもという特性

⑤ 気質の違い

気質・性格・嗜好性とは

　子どもはひとりひとり違います。同じように育てたはずの兄弟姉妹でも違います。その違いは、「気質」「性格」「嗜好性」から生まれると考えられています。心理学では、「気質は持って生まれたもの」と考えます。気質は、一生変わらないものといえます。一方で「性格」は環境の影響を受け、後天的に形成されます。嗜好性は好みです。この嗜好性ですが、ゲーム機がなかった時代には、それを好きにはなれません。嗜好性は、時代などの影響を受けるといえます。

　エルンスト・クレッチマーという精神科医は、人間の気質を主に3つに分類しました。

○**循環型気質**：社交的な時と、静かさを好む時が交互に存在する
○**分裂型気質**：社交的ではない。敏感さと鈍感さをあわせもつ
○**粘着型気質**：几帳面で凝り性である

　これらの気質は、大人では当てはまることが多いでしょう。ただ、子どもの場合は成長の途中にあり、必ずしも当てはまりません。
　子どもの気質を考える時には、以下のような見方が参考になります。

外交性と内向性、そしてレジリエンス

　外交的な子どもは、「好奇心が旺盛」「外界の刺激に気を向ける」「人といることが好きで、感情の表現が豊か」といえます。
　内向的な子どもは、「確実にものごとを成し遂げようとする」「ひとりあそびが好き」「心を許した特定の人とじっくりと話すことを好む」などの特徴があるとされます。
　この外交性・内向性は赤ちゃんの時から表れ、にぎやかな環境を好む乳児と、静かでないと不安になる子に分かれるとされます。
　外交的な子どもは、仲間などに囲まれ、にぎやかに話したりあそんだりすることで、レジリエンスが働きやすくなるでしょう。
　内向的な子どもは、何かのストレスを受けた時に、親しい人に話をし、それを聴いてもらうことで立ち直る力が強まるでしょう。
　外交的な子、内向的な子によって、レジリエンスを考える時に、働きかけ方を変える必要があります。働きかけ方への配慮は、次ページのような気質の差にも同じことがいえます。

気質
・持って生まれたもの
・一生変わらない

性格
・環境の影響を受ける
・後天的に形成

嗜好性
・好み
・時代などの影響を受ける

敏感な子ども

ものごとに敏感な子とそうでない子がいます。2歳前から、着ぐるみをとても怖がる子がいます。行事では、「豆まきの鬼」を怖がって泣いたりします。

着ぐるみを怖がる子ですが、なかに人間が入っていることがわかると安心するようです。大体、5歳くらいになると怖がらなくなります。怖がった時には、子どもの求めに応じて抱っこをするなどしてあげた方がよいでしょう。そうやって、恐怖を乗り越えていった子は、無用な恐怖心を持たなくてすむかもしれません。

2歳頃の子どもは、「魔法の年齢」を生きているとされます。たとえば、水洗トイレの水を流すのを異様に怖がる子がいます。お風呂の水を抜くことに恐怖を持つ子もいます。水と一緒に、自分も流されて消えてなくなると思うから、と説明されています。物理的法則ではない世界、つまりは魔法を信じているから「魔法の世界」と呼ばれます。

子どもは、水洗トイレで水を流しても自分は消えないという体験をすることで、魔法の世界から抜けると考えられています。このほかにも、さまざまなあそびを通じて、物理的な法則を学び、不要な恐怖を持たなくなると考えられています。

外出の際に、外のトイレが使えないというお子さんがいました。2歳の子でした。お母さんは長時間の外出ができずに困っていましたが、3歳になると逆に、外出先で必ずトイレに行くようになりました。今度は、外出先で必ずしもトイレを使えない時にも子どもが行きたがるので、お母さんは困ってしまいました。それが、1年以上続いたのですが、その後、外でトイレに行きたがることがぴたりとやみました。

大人は、「トイレは排泄するところ」と認識し、どこのトイレも用途は同じと考えます。しかし、実際にトイレを詳細に見比べれば、清潔度、明るさ、匂い、広さなど、ひとつひとつは別々の場所です。たくさんのトイレを経験するなかで、その子は大人のような「トイレ理解」に至ったようです。

子どもの行動ですが、理解を目的に体験を求めていることが多いものです。

2歳頃は、自分も一緒に流され、消えるのではないかと恐怖心を抱くことがある。

1 子どもという特性

社会性と不器用さの関係

　子どもたちのなかには、器用ではない子がいます。運動能力だけではなく、人との付き合いにもぎこちなさが表れたりします。

　器用さですが、「正確さ」と「スピード（速さ）」に分けて、対応を考えます。

不器用と2つのタイプ

	正確タイプ	スピードタイプ
正確さ	○	×
スピード	×	○

＜正確だけれど、スピードが遅いタイプ＞

　正確なことをほめ、スピードアップの方法、手順を一緒に考えます。慎重な子どもには、「ここはとばしていいよ」と伝えたり、手の動かし方を教えたりします。

＜スピードは速いけれど、正確ではないタイプ＞

　速くではなく、正確にやることを教え、その方法、手順を一緒に考えます。「ゆっくりやろうね、先生が手伝うからね」と話します。

　以下のような子どももいます。不器用と思われていることもあります。

・説明を聞いても、それをすぐに理解できない子
　……わかるように説明する必要があります。

・他の子どものやり方を参考にしない、まねしない子
　……よく見て、まねするよう促します。

・やり方を、大人や他の子に聞けない・質問できない子
　……「教えて」ということばを教えます。

・できたかどうかを、自分で判断できない子
　……できた時に「できたね！」と伝えます。

・他のことに気を取られて、集中持続できない子
　……やるべき課題を言わせます。繰り返しの確認が必要な子もいます。

従順・素直なタイプの子ども

　子どものなかには、従順・素直なタイプの子がいます。一見、育てやすいように思えますが、素直すぎて、大人や他の子からの要求を断ることができなかったりします。また、真面目なために、過剰に役割を引き受けてしまい、結果的にできずに、自信をなくしてしまうこともあります。自分でできることやその範囲を、大人が教える必要があります。

⑥ 子どもと仲間関係

仲間を鏡として、自分を知る

　子どもに「自分って、どんな子どもですか？」と質問すると、日本では、小学校高学年まで、それに明確に答えられない子が多いようです。中学生になると、「優しいと言われたことがある」「絵がうまいと言われる」などの答えが返ってきます。他の子の評価をもとに、自分のことを表現します。

　自分の考えをまとめ、意見として発表する機会が少ないからかもしれません。自分のことを上手に表現できません。そのために、人のことばを借りて、自分を表します。

　小学校の高学年頃から、仲間に自分はどういう人間かを質問させてみると、自分への理解が高まります。また、自分はどういう人間になりたいかも、明確になる可能性があります。

1 子どもという特性

環境によって変わる性格

　優しい人に囲まれて暮らせば、子どもはゆったりとした優しい性格になる可能性があります。それは家族ばかりでなく、仲間関係においても同じです。良好な仲間関係のなかにいれば、精神も安定するはずです。

　しかし、人生ではいつも恵まれた仲間関係のなかにいられるとは限りません。さまざまな体験のなかで、自分に合わない相手とどう対応していけばよいのか、子どもは身につけていく必要があります。

人を見る目を養う

　一般的に、小学３年生くらいまでは、固定的で少数の安定した人間関係を結ぶ前に、「昨日の敵は今日の友」といった、仲よくなったりけんかをしたりを繰り返す人間関係を持ちます。このことで、さまざまな相手との付き合い方を学ぶとも考えられています。人との関係が、「○○は、親友だ」といった表現に見られるように、固定的なものになるのはその先の年齢です。

　生きていくうえで、人を見る目は、相手の本質を教えてくれます。また、本音の存在に気づきます。人を見る目は、長い人生において重要なスキルです。

　だから、この時期は大人が子どもの友だちを選別するのではなく、子ども自身に判断させるようにします。もちろん、日常的に乱暴や盗みをするといった、反社会的行為をする子は別です。大人が、そういった子には注意を与え、行為を修正する必要があります。

仲間からレジリエンスを得るために

　仲間から、さまざまな意味で影響を受けるのが子どもです。８、９歳くらいになると、大人の力よりも仲間の影響力が強くなります。大人から話を聞くよりも、仲間のアドバイス、励ましが大きな影響力を持ちます。子どもがストレスを抱えた場合には、たとえば、自分の抱えている問題を仲間に伝え、アドバイスを求めることを教えます。よい仲間に助けを求めるスキルを身につけさせておくと、必ず役立つはずです。

⑦ 家庭と社会の問題

育児の孤立

現代は、子育てに苦痛を感じる母親が増えているとされます。さまざまな調査結果がありますが、日本では子育てが楽しいという人は2割程度とするものもあります。子育てが苦痛な理由のひとつに、育児の孤立があげられています。

日本は豊かになり、それぞれの家が独立して暮らせるようになりました。以前は、ものの貸し借りや、家の行き来も多く見られました。人との関係において垣根の低い環境では、子育てへのアドバイスを得られやすく、互いに育児を手伝う姿がありました。

三世代同居と幸せな育児

日本のなかで、「住みやすく幸福を感じる県」として、しばしば北陸の3県の名前があがります。福井、石川、富山の3県です。この3県ですが、フルタイムで働く母親たちと話したことが何度かあります。母親たちは、「おじいちゃん、おばあちゃんに子どもを育ててもらった」と言います。そして、育児をしてもらい助かったと感謝しています。実際に、養育を肩代わりしてくれる人がいなければ、正規に働くことは難しいでしょう。

三世代同居によって、孤立した育児にならず、協力し合って子育てができます。精神的にも、肉体的にも母親の負担は減ることでしょう。三世代同居と幸福度は、育児においては密接な関係があるようです。

孤立を防ぐファミリーサポートセンター事業※

都会では三世代同居率が下がっています。育児をする家族への支援として、ファミリーサポートセンター事業があります。サポートの内容は、園への送り迎え、習いごとについていくなど、祖父母がいればやってもらえそうなことが数多くあります。園や小学校では、ファミリーサポートセンター事業を利用するよう保護者に勧めるとよいでしょう。

ファミリーサポートセンター事業
乳幼児、児童の預かりの援助を受けたい希望者と援助希望者の連絡、調整を行うもの。

夜泣きに苦しむ……揺さぶられっこ症候群

乳児期に強く揺さぶりすぎてなる「揺さぶられっこ症候群」という病気があります。調べていくと集合住宅で起こることが多く、「泣きやませるために強く揺さぶってしまう」ようです。その結果、死亡したり重い脳障害を起こしたりしてしまいます。

首もすわっていない赤ちゃんです。揺さぶる姿を見た保育者や育児経験者は、どれほど危険なことかがわかります。だから「揺さぶってはダメ」と注意するでしょう。また、泣きやませるために有効な、「抱いて歩く」といった刺激の与え方を伝える必要があります。

「揺さぶられっこ」は、親が育児を知らない、無知から起こる不幸な事故といえます。

1 子どもという特性

「イヤイヤ」期を乗り越えられない……子育てへの自信をなくす

子どもは2、3歳頃には自我が強まり、何に対しても「イヤ、イヤ」と抵抗する姿を見せます。子どもによって、その時期の長さには違いがあります。また、ダダをこねる強さにも個人差があります。

この時期の子どもをもてあまし、子育てへの自信をなくす親もいます。しかし、「一生ダダをこねているわけではない」「今だけのことでこの時期はやがて終わる」と伝えることで、気持ちが楽になる親もいます。

見通しがわからず不安に……ひとりひとりの子どもの多様性を伝える

ひとりっ子が増えれば、育児体験は限られてきます。子どもはひとりひとり違い、多様であることを学ぶ機会が少なくなります。このために、自己流の育児法になることもあります。自己流が強まれば、他の人の考えや意見を受け入れないことも出てきます。

親の不安をくみとり、子どもの発達を説明することで、育児への見通しを与えます。

父親の参加は?　世界でも、「日本の父親の家事分担率」は最低

父親の家事への参加ですが、各国比較で日本の父親は最低の参加度と発表されました。国際社会調査プログラム（ISSP）が2012年に実施した「家族と性役割に関する意識調査」によると、日本の男性の分担率は20%ほどで、北欧などの国の半分でしかありません。「イクメン」といわれているものの、実態は違うようです。

NHKの情報番組「あさイチ」で、服は脱いだまま、家事はやらない、妻の指摘にはスネるといった「ガキっぽい」夫を「ガキ夫」と名付けていました。ガキ夫は、ゲームやスマホに夢中で、育児の話には関心がないともされます。夫婦の協力関係が希薄になっている家庭もあるようです。

母親の高齢化

女性の就業率の高まり、晩婚化といった社会的な状況を背景に、母親の初産年齢が上がってきています。厚生労働省の人口動態統計（平成28年）によると、「30〜34歳」が最も高くなっています。40歳を過ぎて赤ちゃんを産む人が約5.5万人います。年間百万人ほど赤ちゃんは生まれますが、その母親の約5.6%が40歳過ぎで、年々増加しています。

人によって違いはありますが、高齢になってからの育児は肉体的、精神的に負担となりやすくなります。育児への意欲が持てない、しつけをしようと思うが根気が続かない、と話す母親の声も聞きます。何らかのアドバイスをする際、「高齢」の場合は配慮が必要です。ひとりひとりの子どもについては、育児経験者や専門家に直接相談するように促します。

ただ、高齢の母親に育てられると、子どもはコミュニケーション能力が高まるという調査結果もあります。人生を生きていくうえで、子どものレジリエンスの大切さも理解されやすいとも思います。

母親同士の年齢の差にも配慮する

　園に通う母親同士の年齢の差も広がっています。年齢差があると、共感が生まれにくくなることでしょう。育児情報が交換できなくもなるでしょう。孤立している母親には、特別な気配りが必要です。

　現在の子育ては、親のレジリエンスが働きにくくなっているようです。親の回復力を高めるような配慮と働きかけが求められています。

　人間の育児は、本来ならば社会的な行為で、皆で助け合って行うものと思います。ひとり、孤独に行う営みではありません。人からの助けや協力を得る、育児の共同作業化、「わいわいがやがやの子育て」がお勧めです。親を孤立させないという視点が、保育者には求められています。

貧困の問題

　貧困は、子どものレジリエンスを妨害する要因です。子どもの貧困問題は、「子ども食堂」※などでも、注目されるようになりました。子どもの貧困は、世代の連鎖を生みやすいとされ、社会的に早急に解決すべき課題です。

子ども食堂
さまざまな取り組みの主体、目的、運用方法などがあり、一概にはいえない。食事がとれない子どもに、食事を提供することが共通といえる。

2

自分を客観視する
……メタ認知の形成と獲得

メタ認知とは、自分の思考や行動を、第三者のように客観的に見ることをいいます。
他者との違いもメタ認知が形成されることで可能になります。
この章では、メタ認知とレジリエンスについて、考えていきます。

乳児期	（快―不快）を感じる	●おなかがすいた、眠い、おむつが濡れたといった不快状態を周りが解消する ●自分の要求がかなえられる ●存在が、周りからそのまま認められる
1歳頃	自分で動く	●自分で動けるようになる ●指さしやことばで要求する ●要求がかなわないことも出てくる ●「待っててね」と言われ、自分が我慢しなくてはいけないことも出てくる ●他の子と、親やものを取り合う
2歳頃	なんでも自分で やりがたる	●靴を高いところに置きたがる、ボールを遠いところに投げる、重いバッグなどを引っ張るなど、自分の力を出そうとする ●自分でやりたいことがはっきりとしてくる ●自己主張が強まり、「イヤイヤ」期が始まる ●あそびの場面などで、集中力や持続力がはっきりとしてくる ●あそびのなかに、自分なりの工夫などが表れる ●大人から説明されることで、時に自分の主張を変えられる
3歳頃	好きという気持ちが はっきりとする	●自分の好きな「友だち」、あそびなどがはっきりとしてくる ●他の子のあそびをまねて、自分に取り込む ●2、3人の少人数で、「順番」などのルールを守りながらあそぶ
4歳頃	失敗にめげず、 挑戦する	●自分を振り返れるようになり、マイナス評価を嫌がる ●いろいろなあそびに興味を持つ。ブロックなどのあそびや折り紙、お絵かきなどを、人から教われるようになる ●万能感が高まる ●「3回やったらおしまい」といった、「約束」がわかるようになる ●集団でルールを守り、あそび始める（椅子取りゲーム、フルーツバスケットなど）

5歳頃	勝ち負けに敏感になる	●抑制力が働きだす ●勝ちたいと思う（勝ちたい気持ちには、子どもによって強弱がある） ●他の子と比較して自分の「得意なこと」「苦手なこと」を表現する ●自分と他の子の家庭を比較しだす ●子ども同士で、「じゃんけん」でものごとを決められるようになる ●「ルールを守ること」「応援すること、負けた子を励ますこと」「勝っても威張らないこと」などがよいことだと思う
6歳頃	「強いこと」よりも「正しいこと」がよいとわかる	●人には親切にしなくてはいけないなどの道徳を理解する ●「病気にならないように、好き嫌いなく食べる」といった一般常識がわかる ●遠い所や外国に憧れ、その話をする ●学校で学ぶことを意識する ●曜日がわかる ●何月何日かを言う ●誕生日を理解する ●「もしも～だったら」という仮定形で、考えられるようになる ●ゲームのルールを理解し、役割を交代できる
7、8歳頃	仲間関係が育つ	●親よりも仲間とあそびたがるようになる ●仲間と自分の能力の差を話すことがある ●仲間に、親と一緒の姿を見られるのを恥ずかしがる ●仲間と同じような振る舞いをしたがる ●他の子の振る舞いを、客観的に評価しだす ●理由を言いながら、自分を主張する ●他の子との能力の比較が、ある程度客観的になりだす
9、10歳頃	メタ認知が形成されだす	●人から見たら、自分の言動がどう思われるかという「メタ認知」が形成されだす ●人の目を意識するようになる ●相手に伝わるように、自分の意見を表現する ●人の意見を鵜呑みにせず、参考にする ●本を読んで、自分なりの感想文が書けるようになる ●自分と趣味が同じ子と話が弾む ●子どもによっては、家族から離れ、キャンプなどができる

2 自分を客観視する

① 他の子と比較する

他の子を「発見」する

　子どもは、人見知りの時期から「親しい人（主には母親）」と、「親しくない人」の区別がつくようになります（なかには、生まれて間もなくから「母親」とそれ以外の人を区分けし、「人見知り」する赤ちゃんもいます）。「親疎の区別」ができるようになった時に、赤ちゃんは「人の存在を発見する」といえます。

　歩けるようになると、テレビの幼児番組を見てまねて動く姿が見られだします。ただ、この段階では、自分勝手に体を動かしています。

　2歳になると、他の子と手をつないで歩けるようになります。この時点で、子どもは相手の動きを予想し、それに合わせて「歩調を合わせること」ができるようになります。「人の動きに目を向ける」といえます。もちろん、この時点では相手が転んだりするような、思いもよらない動きには対応できません。大人の手助けが必要になります。

他の子を見る

「平行あそび」と呼ばれるあそびですが、たとえば電車ごっこをするふたりの子が、相手の子に対してまったく無関心かといえばそうではありません。相手に邪魔になる時には、自然に自分の場所を移したりします。あそびながら、相手のあそび方をチラッと見たりします。興味を持っていることがわかります。

　他の人が思っていること、考えていることは、本当はよくわからないので、相手に関心を持ち、その姿を見て話を聞かなくては理解には至りません。2歳児が見せる平行あそびの姿にも、人を理解する歩みの始まりがわかります。

他の子とあそぶ

　3歳くらいになると、好きなあそびが一緒という理由で、子どもは他の子とあそぶようになります。「協同あそび」の始まりです。協同あそびの姿のなかには、他の子のあそび方を自分に取り込む、他の子とあそびを工夫しあう姿が見られます。また、自分の欲求を抑え、順番を守り、相手の子に譲ることができるようになりだします。抑制する力がついてきます。

多くの子たちとあそぶ

　2、3人でのあそびから、4歳半ばくらいから集団あそびの時代に入ります。心理学では、「集団とは、ある目的を持ったメンバーが集まり、各々に情緒的な関わりを持ちながら、目的達成のために、ルールに従い役割を果たす集まり」とされています。集団には、目的とメンバー、集団のルール、そして各自に役割が与えられます。

　椅子取りゲームは、集団あそびのひとつです。この場合、集団の目的は「楽しくあそぶこと」です。クラスの仲間といった、一定の情緒的結びつきがあるメンバーで競い合います。ゲームですからルールがあり、それを理解し、守らなければあそびは成立しません。椅子に座れた子は勝者の役割をし、座れなかった子は敗者の役で、ゲームから外れなくてはいけません。椅子取りゲームを楽しみながら、子どもは「集団での役割」を学びます。

レジリエンスに深く関わるのが、集団には「メンバーを認める、守る」役割があることです。子どもであっても、集団はメンバーを帰属させ、擁護します。

　不適応の子どもたちのなかには、

・**クラスの仲間が、あそびに入れてくれない**
・**誰もぼく（わたし）の話を聞いてくれない**
・**みんな、ぼく（わたし）のことを嫌っている**

と訴える子がいます。彼らは、集団に帰属したことがない、あるいはそれに失敗した子たちです。つまりは、集団に理解され、守られた体験がないか、薄い子たちです。集団形成は5、6歳から始まります。集団というものに対して、個性を否定されるなど、マイナスの意見を持つ大人もいますが、「メンバーを理解し、守る」という集団の役割にも目を向ける必要があります。

他の子との違いを知ることが、メタ認知への一歩

　集団での活動によって、子どもは自分の「得手・不得手」を表現するようになりだします。「○○ちゃんは、かけっこが速いんだよ」「□□さんは、絵がすごくうまいよ」と家族に話したりします。仲間の得意なことを、自分でもまねしようともしだします。クラスのなかに、運動やお絵かき、ブロックあそびなどがうまい子がいると、それがクラスに広がり、子どもたち全体の力を底上げしたりします。

　おもしろいのは、他の子をほめている子に対して、大人が「本当なの？」「違うでしょう」と否定した時の反応です。子どもはむきになって、否定されたことに反論します。まるで、自分のことを否定されたと感じているかのようです。この姿に、「子ども集団」という意識の芽生えが表れているのかもしれません。

　この時期、子どもは自分の「得手・不得手」を意識するようになってはいるものの、「不得手」を強く意識はしていません。万能感とでもいうべき、「自分はできる」という思いが高まっているからです。万能感があるために、自転車、なわとび、鉄棒などの運動だけではなく、読み書き計算に挑戦していきます。いくら失敗してもめげません。このめげない心もまた、レジリエンス形成には不可欠な要素といえます。

　自分と他の子どもの違いを知ることは、メタ認知獲得への歩み始めでもあります。子どもができないことは、大人も一緒になってクリアできるよう助けたいものです。

違いを肯定的にとらえる

　「乱暴だよね」と、大人がある子に対して否定するような発言をすると、「優しいところもあるよ」との反論が返ってきます。子どもは小学生になると、仲間を多面的に見るようになってきます。多面的に見ることで、ひとりひとりの子の特性、長所や短所なども理解するようになるのでしょう。そして、大人とは違い、他の子を欠点ばかりでは見てはいないように感じます。

　ある中学生は、教師が自分に対して、「優しく素直で、元気なよい子」を基準に怒ると話します。そして「自分はそんな子に会ったことはないし、絶対いない」と断言します。大人は「幻想の子ども像」を通して自分を見ているという彼の指摘は刺激的でした。子ども同士は、互いの違いを知り合い、またその差異を肯定的にとらえているとも感じます。

2 自分を客観視する

② 矛盾を乗り越え、成長する子ども

待てるようになる

　1歳児に対して、食事の時に「待っててね」と言っても、最初の頃は待つことができずに手が出たりします。しかし、繰り返すうちに「待てる」ようになります。子どもが待てるようになると、育児はとても楽になります。

　では、子どもはどうして「待てないから、待てるように変化する」のでしょうか。待てないと叱られることでセーブが利くようになるのでしょう。その一方で、待てた時にほめられます。ほめられたいとの思いは、「社会的承認欲求」とされます。人間の根源的な欲求で、社会を営むために必要なものともされます。

　このほかにも、待っていれば「食べられる」という体験や、あるいは家族の姿をモデルにして、「待つこと」をまねるようになることも影響しているでしょう。

　「待てない」のを注意されることで、自分の思い通りにはできないという、現実と本心の間に矛盾が生じます。そして子どもなりに、どうしたら注意されないですむかを考えます。合わせて、「ほめられる体験」「見本をまねる」などで、この矛盾を乗り越えます。

　発達するとは、このような矛盾を感じ、それを解決していく姿でもあります。レジリエンスは、自分で矛盾を解決する力とも関係しています。

話を聞けるようになる

　2歳くらいになると、大人の話に耳を傾けるようになります。ひとつの理由は、言語を獲得しなくてはいけないからでしょう。1歳前には言語はゼロなのに、6歳時点では、2,000語ほどを獲得するものとされます。1歳から5歳までの5年間で、平均すると毎日1語以上を学ぶ計算になります（実際には、ことばを爆発的に獲得する2歳前後の時期などがあり平均的ではありませんが）。

　もうひとつの理由は、ことばや2〜3語文などの文章を、類推する力がついてくるからだと思います。たとえば、「音楽」ということばは、いろいろなものと区別するための抽象語（分類語）で、音楽そのものは存在しません。同様に、あそび、食べ物、乗り物なども抽象語です。2歳児に、「音楽を聴く？」と話しかけたところ、彼女は「トトロ」と答えました。この段階では、彼女のなかでは「音楽＝トトロの曲」でした。しかし、音楽は「トトロ」だけではありません。その後、さまざまな曲を聞き知ることで、3歳前に「音楽」という意味を理解しました。「音楽を聴く？」の質問に、「何にしようかな？」と答えるようになりました。

　人の話を聞く、そこから話の中身を理解しようという態度もまた、レジリエンスにとり大切な要素となります。

みんなと話を聞けるようになる

「小1プロブレム」ということばがあります。子どもが、小学校に行っても先生の話が聞けない、授業中におしゃべりをする、床に寝る、教室から出て行くなどの行動を示し、授業が成り立たなくなるといった状況です。

この「小1プロブレム」は、「学習姿勢の未熟」が大きな原因と考えられています。大きく言えば、「人から学ぶ力」の未熟です。具体的には、「静かに人の話を聞き、動きなどを素直にまねし、学習する力」の弱さです。

4歳くらいになると、周りで他の子がどんなに騒いでいても、自分のしているあそびなどに集中して、ほかに気を奪われることはありません。5歳前後から抑制力が働きだしますが、小1プロブレムの子どもたちは、この抑制力が未熟でもあります。抑制力には、感情のコントロール、集中と持続、社会性などが関係するとされます。抑制力ですが、子どもたちは運動やあそび、他児との関わりで獲得するとされます。

「小1プロブレム」のような行動を示さないようにする、これは幼児期の重要な課題でもあります。「小1プロブレム」を抱えると、自己肯定感を持ちにくくなります。

考えながら行動する……ワーキングメモリ※の重要性

衝動的に、目についたもの、耳に入ってきたものに飛びつく段階では、子どもは考えて行動しているとはいえません。この段階では、たとえば「椅子に座って」と言った時、その瞬間には座っていても、またすぐに立ち上がってしまいます。頭のなかに、「椅子に座って」と言われたことが記憶されません。こういった記憶を短期記憶の一種で「ワーキングメモリ」といいます。

4歳の子は簡単な段取りが立てられるようになります。「粘土あそびをします。用意してください」と言われると、粘土と粘土板を準備します。「粘土あそび」をイメージし、必要なものを頭のなかで想像し、準備ができます。この場合、「粘土」と「粘土板」のふたつですから、ワーキングメモリの容量は2個となります。

頭のなかで、あれこれ考える時に使われるワーキングメモリが働かないと、衝動的になります。そのために、失敗することも多くなります。失敗体験が増えると、自信をなくします。

ことばだけで説明し、言語性ワーキングメモリに働きかけても、ことばの理解力が未熟な子の場合は伝わらないことがあります。絵や写真などを利用して、視空間性ワーキングメモリに訴えることは、子どもの理解を促すのに有効です。

子どものワーキングメモリの容量をはかりながら、頭を使いながら行動することを促します。ちなみに容量ですが、「〜を持ってきて」「ごみを捨てて」「○○を片付けて」というように、いくつかの指示を与え、それがいくつできるかでも知ることができます。7歳で、ワーキングメモリはおおむね3つとされます。個人差はありますが、年齢とともにワーキングメモリの容量は、最大7つまで増えていきます。

大人が長々と説明するのは、ワーキングメモリの容量が少ない子どもの場合、理解不能となることがあります。短く切って、簡潔に話す必要があります。「○○をしてから、△△の準備をして、外に出て、待っていてください」というよりも、一文一意で、「○○するよ」「そのあとに△△の準備をします」で区切り、そして「外に出ます」「外で待っていてください」というように話します。

ワーキングメモリ

ワーキングメモリには2種類あり、ことばを聞いて理解する時に使われるのは「言語性ワーキングメモリ」、絵や写真、文字を使い、目に訴えかける時に使われるのは「視空間性ワーキングメモリ」という。

2 自分を客観視する

③ 別の視点と大人の役割

友だちという存在

　子どもは友だちとのけんかや議論を通して、自分と違う考え方があることを学びます。人により考え方が違うという視点は、自分の考え方が唯一絶対ではないとの思いや、思考の柔軟性にもつながります。

　折々に意見を聞けば、「いいね、やってみたら」と後押しされたり、「応援するよ」と励まされたりすることもあるでしょう。「それはだめだよ」と批判されれば、考えを修正し、行動を思いとどまることもあるでしょう。友だちは、自分の考え方に客観的な視点を与えてくれます。

　また、友だち関係においては、けんかや議論をしても、仲直りができます。関係の修復ができるという体験は、その後の人間関係において、重要な影響を与えるはずです。

　もちろん、このような役割は友だちばかりではありません。子どもにとっての「先生」や何かの「お師匠さん」、いとこなどにもこのような役割を持つ人がいるかもしれません。このような役割を担う人がいることは、子どものレジリエンスにとって大きな意味を持ちます。

親という存在の難しさ

　今の時代ですが、「育児の孤立」がいわれています。孤立すると、親子の関係が密着する可能性が出てきます。

　発達の目的は、自分で考え判断し、行動できるようになることです。つまりは、子どもは、自立に向かって歩まなければいけません。その一方で、親は子どもを庇護し、養育しなければいけません。乳幼児から始まって、本来ならば「子離れ」しなくてはいけない時期なのに、庇護、養育の意識が抜けないと、「子どもに過剰に介入する」ことになります。

　反抗期の手前、10歳前後から、子どもは自己主張しだします。自分の意見が出てきます。それは自立に向けての当たり前の姿ですが、親は子どもの意見に耳を傾けなかったりします。反抗期になると、親が「早く起きなさい」と言うと、それを嫌がり起きずに寝たりします。成績や友だち関係について口を出したりすると、それを嫌がり無視するという姿も見られます。自立を妨害する親は、子どもにとって邪魔者になってしまうのです。

10歳前後から、自分の意見をはっきり主張したり質問したりするようになる。

大人は一緒に歩き、話を聞いてくれる存在に

　反抗期は、大人にとっても、本人にとっても難しい時期だと思います。小学生や高校生に「頑張って！」と肩を軽くたたくと、「励まされている」と感じます。ところが、反抗期の中学生のなかには、軽くたたかれたことに対して「励まされている」のではなく、「触られた、たたかれた」と反応する子がいます。そうすると「なんだよ！」「うざい！」という怒りの反応が返ってきたりします。大人からの刺激に対して、過敏に反応する姿を見ていると、反抗期の姿は生理的なものだとも思います。

　ただ一方で「できない」「だめだ」といった外側からの批判に過敏に反応しながら、よい評価を求めてもいます。「勝ちたい」「賞を取りたい」という思いは強まります。評価に過敏になりながら、孤独に戦っている姿も見えてきます。

　こういう時期には、注意する人は拒否されがちです。それよりも、たとえば一緒に歩きながら、話を聞いてくれる人の存在が重要だと思います。横にいて、自分を理解しようとしてくれる人です。その存在が、葛藤の時期を乗り越えさせてくれます。レジリエンスとも関係する体験になるはずです。

身近な人をアドバイザーに

「フランスには偏食のある子はいない」という内容の本を読みました。偏食のある子たちをカナダからフランスに移住させた時の体験記です。カナダ育ちの子どもたちは、普通に偏食がありました。父親はフランス人です。そして、その祖父母、親戚のおじさん、おばさんなどと一緒に食事をします。フランスでは子どもに食の選択権を与えずに、大人と同じものを食べさせます。おやつの与え方や食材の選び方、調理方法へのこだわりもあります。

　フランス人の全てがそうであるとは思いませんが、祖父母などの持つ食文化への誇りは強く感じます。

　子どもが自立期に向かう時に、親の意見に耳を傾けないのは仕方がありません。目の前に立ちふさがる存在だからです。しかし、祖父母などは、自立を邪魔する存在ではありません。だから耳を傾けることができます。

　親戚付き合いも薄くなっている現在ですが、子どもが成長する点においては、祖父母、おじさん、おばさん、いとこなどの存在との関わりは、重要だと思います。

　少子化の現在、何か困った時に、相談する相手として期待したいものです。

3

社会性の発達とレジリエンス

子どもは成長の過程にあります。
これから、子どもの社会性の発達にそって、重要なテーマについて取り上げていきます。

2歳頃	自己主張の時期〈「イヤイヤ」期〉	●社会的承認欲求が芽生える ●自分と他者が分離しだす ●自分なりの判断基準を持ち始める ●社会化が始まり、ことばで気持ちを表現し始める 【レジリエンスにつながる要素】 ●子どもに折り合いをつける力をつけさせる ●「待っててね」「あとでね」「今度ね」といったことばをかける ●反抗や大騒ぎも、一時期のことと考え、見守る ●他の子と分け合うように促す ●泣くのではなく、ことばで表現させる
3歳頃	役割に気づく	●人のやっていること、仕事に興味を持つ ●お店で働く人を見て「何しているの?」と聞く ●ままごとあそびで赤ちゃんやママなどの役を演じる ●お菓子作りや料理など、お手伝いをしたがる ●誰が決めるかなど、人の役割に気づく ●決められたルールに従う ●順番で「待つ役」になれる 【レジリエンスにつながる要素】 ●人から教わる力を身につけさせる ●うまくできなかったり、失敗したりしても大丈夫と思えるような関わりをする ●「練習すると上手になっていく」ことを伝える ●順番を守れることをほめる
4、5歳頃	競争する	●1番になりたがる ●勝ちたいと思う ●自分の力を発揮したがる ●負けると悔しい ●負けた子を慰める ●他の子やチームを応援する ●競争は楽しい ●ルールを守ろうとする 【レジリエンスにつながる要素】 ●負けることもあるという体験をさせる ●泣き叫んでも、一時期のことと考え、見守る ●ルールが理解できない子には丁寧に伝える ●負けた時に、泣きやめたらほめる

5歳頃	話し合う	●抑制力が働きだす ●力ではなく、じゃんけんや話し合いでものごとを解決する ●メンバー全体の意見を聞く ●話しながら、相手の考えを知る ●手や足を出すのはルール違反だとわかる ●感情的にならないで話す ●話し合いで決まったことは、守る義務があるとわかる ●話し合いを楽しむ 【レジリエンスにつながる要素】 ●自分の主張だけでなく、相手の意見を聞くことを教える ●「話し合い」は、解決の手段であることを学ばせる
5、6歳頃	決まりや ルールを守る	●約束を守ることで、仲よくあそべることがわかる ●決まりを守るとほめられることを知る ●決まりやルールを守らないと罰せられることを知る ●決まりは、人の営みには重要だとわかる ●仲間とのふざけっこを楽しむ 【レジリエンスにつながる要素】 ●自分の考えとは違うものの、ルールの存在とその大切さに気づかせる ●「ルールを守れる自分」に気づかせる ●多数決など、公平に決めることの大切さを伝える
6歳頃	道徳を守る	●「弱い者いじめをしない」など、道徳の大切さを知る ●お年寄りに席を譲るなど、人に優しくすることの喜びを知る ●自分ができることを周囲の人に表現する ●花を育てる、動物にエサをやるといったことを通し、「生き物」を大切に思うようになる ●道路など、自分の周りだけでなく、公共のところもきれいにしようと思う ●災害復旧など、助け合うことの大切さがわかる ●一般常識でものごとを判断する 【レジリエンスにつながる要素】 ●道徳の理解は、社会参加への第一歩となる ●危ないことやいけないことをした時には叱る ●道徳の理解を促す際に体罰はしない ●障害のある人の存在と、必要な配慮を教える

3 社会性の発達とレジリエンス

① レジリエンスをはぐくむための大人の役割

レジリエンスを支える **9** つの力 として、以下の力を紹介しました。(P.10〜)

1. 考えや感じ方を修正できる力
2. 忘れる力
3. 考えを受け入れる力
4. 教えてもらうための質問をする力
5. 承認を求める力
6. 確認する力
7. 柔軟な見方ができる力
8. 応援されて喜びを感じる力
9. 励まし、慰めてもらえる力

これらの力のことを念頭に置き、発達にとって重要なテーマにそって、その時期の意味を説明します。

合わせて、【レジリエンスに対して、大人が持つべき視点】をいくつか取り上げます。その視点を持つことで、発達段階ごとへの見方が確かなものになるはずです。

それとともに、【レジリエンスを高めるために】では レジリエンスを支える **9** つの力 を踏まえ、以下8つの視点で、より詳細に段階ごとのポイントや関わり方を紹介していきます。

❶自己への評価を高める

子どもの、自分自身の評価の内容です。その評価をプラスのものにしていく必要があります。それには大人の配慮が必要となります。

❷社会的承認を得る

2歳前後から始まる社会的承認欲求ですが、この欲求が子どもの学習を進めていきます。【5. 承認を求める力】は大切です。

❸役割を果たす

自分なりの役割を持つことで、それを果たす力が身につきます。ものごとを成し遂げられるということで、この力を「具体的能力」と呼ぶこともあります。役割を正確に果たすには、【6. 確認する力】も必要になってきます。

❹仲間と共感しあう

レジリエンスは、親も含めて大人が育てる時期から、徐々に仲間から影響を受け、獲得していく時期へと変化します。特に仲間から、【8. 応援されて喜びを感じる力】や【9. 励まし、慰めてもらえる力】は、大人になってからのレジリエンスにも影響します。仲間の意味を重要と理解すべき理由がそこにもあります。

44

❺柔軟な思考を持つ

ものごとをひとつの面からしかとらえられないと、「硬い」ものの見方になります。そのために、解決策が浮かばなかったりします。【7.柔軟な見方ができる力】は、レジリエンスになくてはならない思考法です。

❻人の話を聞く

人の話を聞くことは、【3.考えを受け入れる力】につながります。また、人の意見や考えを聞くなかで、【1.考えや感じ方を修正できる力】も高まります。

合わせて、人に【4.教えてもらうための質問をする力】も身につけさせる必要があります。自分で考えることも大切ですが、未熟な子どもは、必要に応じて人から学ぶスキルも獲得しなくてはいけません。

❼感情をコントロールする

感情のコントロールは、人間の一生についてまわるものです。感情のコントロールによってもたらされる精神の安定は、幸福感ともつながります。いやなことを【2.忘れる力】も、感情のコントロールにつながることでしょう。

❽抑制力を高める

子どもが大人になって、「幸福感を味わえる」ようになるためには、抑制力が関係しているとされます。抑制力があれば、身近な人と安定した人間関係を築くことができます。また、仕事などで目標に向かい、達成するまで頑張ることができるでしょう。

レジリエンスを支える9つの力

レジリエンスを高めるための8つの視点

3 社会性の発達とレジリエンス

② 自己主張の時期〈「イヤイヤ」期〉

| 2歳頃 | ●社会的承認欲求が芽生える
●自分と他者が分離しだす
●自分なりの判断基準を持ち始める
●社会化が始まり、ことばで気持ちを表現し始める |

発達の目的は、「自己形成」と「社会化」

「自己形成」とは、自分なりの判断基準を獲得することです。この判断基準をもとにして子どもは行動しています。

花を選ぶ、あるいはあげるという場面を想定してみます。（　）内は、判断の理由、基準です。

・友だちが、好きな花だから同じ花を買う。（好きな友だちだから）
・病気の人に花をあげました。病気が早く治るように、応援する気持ちもありました。（治ってほしいから）
・みんなで、先生に花をあげることにしました。（みんなで決めたから）
・花を買いに行く係になり、お店に行きました。（係になったから）
・知り合いが試合に勝ったので、花をプレゼントしました。（喜びを伝えたいから）
・世界平和を祈って、花を捧げることにしました。（平和を祈るために）

このように、花をあげるという行為は同じですが、それぞれの理由には違いがあります。いうまでもありませんが、子どもは大人のような判断基準を持って生まれてはきません。たとえば「好きだから」から「平和を祈るために」という判断基準を獲得するまでには、10年ほどかかります。子どもは体験をしながら、自分なりの判断を迫られ、決める際の基準を学んでいくともいえます。

もうひとつの発達の目的は、「社会化」です。3歳児が泣いてダダをこねても、大人は仕方がないと思います。それは3歳児では当たり前の姿だからです。人には、年相応の振る舞い方があります。6歳児が泣き叫べば、年相応とはいえないので、問題だと思われてしまうでしょう。子どもに、年相応の振る舞い方を教えていく必要があります。

「イヤイヤ」期は、「自己形成」と「社会化」を学ぶスタートの時期

　2歳くらいになると、自分なりの判断基準を持ち始めます。ただ、その基準は思い込みともいえ、なかなか変えることができません。子どもはこの時期、洋服の着替えをおおむねひとりでできるようになります。それは、体の動きを通して覚えられるようになるからです。「体で覚える」ともいいますが、これには「手続き記憶」※が関係しているといわれます。

　逆にいえば、この記憶が強いと、繰り返さなくてはいられません。「イヤイヤ」期の子どもは、いつもと違う靴下だと、はこうとしなかったりします。帽子もお気に入りがあると、ほかのではだめです。手続き記憶といった「再現性」の高い記憶が働き、同じものでないと許せないのでしょう。

　この時期は親にとり大変な時です。同じことばを使っているようで、理解の仕方が全く違います。子どもにとり、いつもの靴下や帽子と違うものは、同じ名前でも決して同一のものとは認識されないのでしょう。

　大人は、靴下も帽子も、その機能で判断します。足にはく、頭にかぶるという働きですが、子どもは同じことばでも違う意味にとっていると考えた方がよいでしょう。子どもが頑強に反抗しても、ことばの意味するものが違うので仕方がありません。

　言って聞かせるだけではなく、子どもの気持ちを違うところにそらす、妥協できたら大げさにほめるなどの関わりが大切になります。子どもの言語理解が深まっていくと、靴下や帽子の機能に注目するようになり、「これでなくてはイヤだ！」から発達していき、少々の変化は受け止められるようになっていきます。

手続き記憶
体を繰り返し動かしながら蓄える記憶のこと。

社会的承認と所属する地域などへの同化・適応

　赤ちゃんは、世界に3,000あるともいわれる言語を全て聞き取り、理解する力を持って生まれるとされます。人間の脳は不必要な働きについては、「刈りこみ」といいますが、消去していきます。日本語で使う音素以外は、徐々に聞き分けられなくなります。8歳が外国語学習の臨界期とされるのは、そのあたりで聞き分ける能力が低下するからともされます。もちろん、全ての人がそうではなく、外国語が得意な人は、その能力が消えないのでしょう。

　2歳前後から、子どもは社会的承認欲求が芽生えます。できる、守るなどの行為をほめられることで、自分が所属する地域、宗教圏などでの立ち居振る舞いを学習していきます。また、価値観、判断基準を学び、所属する地域などで適応できる力を身につけていきます。

　もちろん、価値観・判断基準を学ばないと、その地域なりでの適応が難しくなります。社会的承認欲求は、適応の仕方を学ばせるという意味で重要です。

47

3 社会性の発達とレジリエンス

【レジリエンスに対して、大人が持つべき視点】

○「イヤイヤ」期は、成長のひとつの過程と考える

　このことは重要です。あくまで一時期のことであり、通過していくという認識が必要です。子どもとの格闘に疲れてしまうこともあるでしょうが、反抗などは子どもの成長に必要なものと考えて、時間が経つのを待ちましょう。子どもは徐々に発達していきます。

○子どもは、価値観などを学びだすことを知る

　子どもは、周りの力を借りながら、体験を通して自分なりに判断する力がついてきます。考える力もつき、周りとの関わりの仕方も成長していきます。子どもなりに、自分を形成しだすといえます。

【レジリエンスを高めるために】

❶自己への評価を高める

　自己主張が始まった2歳くらいから、何かができた時には、「できた」と報告させましょう。大人はできたことを、「できたね」「上手だね」「お兄ちゃんだね」「お姉ちゃんだね」と言ってほめて受け止めましょう。他者に評価されることで自己評価も育っていきます。

❷社会的承認を得る

　子どもが自分でかいた絵や、砂場での作品を「見て、みて」と言ってきたら、ほめ、社会的承認欲求を受け止めましょう。ことばが上手になってくると、「聞いて、きいて」と求めたりします。その時にも同様に受け止め、聞いてあげましょう。特に自分のことを一番理解している親や、長い時間一緒に過ごしている保育者にも子どもは「聞いて、きいて」と求めてきます。子どもが承認を求める、こういう関係はとても安定しています。

❸役割を果たす

　なんでもやりたい時期なので、簡単な手伝いをしたがる時にはやらせます。あそび半分でもいいので、参加させてみましょう。次の段階のための練習にもなります。

❹仲間と共感しあう

　2歳台の平行あそびでも、一緒の場であそんでいると、ことばだけではないもので交流していることがわかります。子ども同士の関わりを見守りながら、時には促すなどして、他の子と一緒の場で過ごせる時間を作っていきます。

❺柔軟な思考を持つ

　「イヤイヤ」期の頭は、なかなか切りかえられません。繰り返し体験させ、自分の意にそわないことでも、人に合わせる体験をさせます。合わせてことばで説明するなどして、頭の切りかえをスムーズにできるようにします。「こうでなくてはいけない」という考えを切りかえられるように働きかけることが大切です。

　過ぎてみれば、大人にはエピソードが記憶されていて、懐かしくなる時期でもあります。

❻人の話を聞く

　人の話を聞くことは、ことばの力が未熟な子どもにとり、大変なことでもあります。それができた時に、聞けたことをほめます。周りからほめられ感謝されることで成長していきます。

❼感情をコントロールする

　子どもはもともと「食べたい」「あそびたい」などの欲求が強い存在でもあります。その欲求を、体験学習とことばの力でコントロールしていきます。

　「はんぶんこ」は2歳半くらいからできるようになります。子どもはケチなところがあり、初めは「お友だちと『はんぶんこ』しなさい」と言われても素直に従えません。しかし、大人の指示を聞くなかで、少し「お兄さん・お姉さん」になった気がするのかもしれません。やがて「はんぶんこ」ができるようになります。

　「順番」は3歳台にわかってきます。ブランコなどで、待って順番に乗ることができるようになります。

❽抑制力を高める

　「待っててね」「あとでね」「今度ね」といったことばをかけて、抑制力・待つ力をつけていけるようにします。教えたい大切なことばで、子どもがこれらのことばをわかるようになると、大人が子どもに振り回されなくなります。

3 社会性の発達とレジリエンス

③ 役割に気づく

3歳頃
- 人のやっていること、仕事に興味を持つ
- お店で働く人を見て「何しているの?」と聞く
- ままごとあそびで赤ちゃんやママなどの役を演じる
- お菓子作りや料理など、お手伝いをしたがる
- 誰が決めるかなど、人の役割に気づく
- 決められたルールに従う
- 順番で「待つ役」になれる

ままごとと役割取得

ままごとで、子どもはいろいろな役をやります。そのことで、人には役割があることを知ります。たとえば、お母さんは子どもの面倒をみるというひとつの役割を持っていますが、それをままごとで演じながら、実感し理解していくのでしょう。小学生になると、生活に密着したリアルな「お母さん」「赤ちゃん」などの役を演じなくなります。

物語の世界とヒーロー・ヒロインになりたいという思い

『おふろでちゃぷちゃぷ』(松谷みよ子著　童心社刊)の話など、現実の生活を題材にした絵本が好きなのは2歳台までです。3歳前後からは、物語性のある絵本に熱中するようになります。物語を聞きながら、それを頭のなかで想像する力が子どもについてくるからでしょう。絵本の絵を手掛かりにして、現実には見えないものを、頭のなかで見ることができるようになるともいえます。

子どもは、年齢を重ねるごとに、アニメや劇など虚構の世界を想像し、楽しめるようになっていきます。また、アニメや劇に登場する人物の役割に憧れ、それを夢見たりします。

それ用の衣装も売られていて、3、4歳の子が、ドレスを着てお姫様気分になったり、ヒーローものが好きになったりする子もいます。紙の棒を武器に見立て、ほかの子たちと戦ったりします。

ヒーローものは、大人になってからも魅力を持ち続け、惹きつけられる人たちがいます。子どもの頃に憧れたヒーローやヒロインに、大人になってものめり込み続ける人がいます。

お手伝いをしたがる子ども

　3歳くらいになると、料理などのお手伝いをしたがるようになります。この背景には、人の動き、役割などに目がいくようになることが影響しているでしょう。料理をしている人の動きを見ながら、それに興味を持ち、自分でもやろうとしだします。

　お手伝いは、お菓子作りなどばかりではなく、洗濯ものをたたむことや、掃除機を動かして掃除することに関心を持つ子がいます。弟や妹の髪の毛をとかす、ペットの世話などをする子もいます。お手伝いというよりも、時には迷惑なこともあるでしょうが、意欲は評価したいものです。

【レジリエンスに対して、大人が持つべき視点】

○子どもには観察する力がまず必要

　人から教わる力は、ちゃんと人の話を聞くこと、人のやっていることをよく見ることから始まります。言語の力が十分ではない子どもの場合は、見て学ぶ「観察学習」が大切になります。この観察学習の力が未熟だと、何かに取り組んでも失敗することが多くなります。

○「わからない」「教えて」と言えない子がいることを念頭に置く

　子どもは、できるようになりたいものの、できなくてかんしゃくを起こすことがあります。他の人に教わる時に使うことばを知らないと、「わからない、教えて」と言えません。

　具体的には、折り紙でもいいのですが、何かを教わりながらわからない時には、大人に聞くよう促します。また、そのことばも教えます。質問に答えられない時にも、相手に聞くよう伝えます。

　一方で、すぐに「教えて」と言い、自分で考えていないという話も聞きます。回数は程度の問題でもあり、すぐに聞いてくる時は「自分で考えて」と話します。

　なお、子どもにとって難しそうな課題に対しては、ヒントを出すとよいでしょう。

○子どもが失敗しても温かく見守る

　初めから成功することはありません。失敗しながらもあきらめずに、取り組み続けることを認めたいものです。「失敗は成功のもと」ですから。なお、「これでいい？」と大人に確認するのも、成功に至る道です。「確認すること」は効率的に学習することにつながります。

○練習すると上手になっていくことを実感させる

　子どもに一番知ってほしいのは、続けて行くうちに自分は上手になったという実感です。それには大人の「上手になったね」のことばが有効です。

　練習していけば自分は必ずできるようになるという気持ちを、「自己安定感」とよぶ専門家もいます。この自己安定感こそが、課題に挑戦しようという子どもの意欲につながるとされます。また、この安定感が繰り返しの練習を続けさせるともされます。レジリエンスの基礎ともいえる気持ちです。

3 社会性の発達とレジリエンス

【レジリエンスを高めるために】

❶自己への評価を高める

　3、4歳は、意欲を持ち、いろいろなことに挑戦しだす時期です。子どもが関心、興味を持ったならば、挑戦するよう促し、できることを増やしていけるようにします。タイプによっては、引っ込み思案の子もいます。その時はあまり無理強いせずに、見せるだけにします。

　年齢が上になるにつれて、子どもの姿は役割を持つように変化していきます。室内でのあそびを好んでいた子が、小学校の半ばあたりから、外あそびに積極的に取り組むようになることもあります。子どもの変化に期待しましょう。

❷社会的承認を得る

　「子どもがちょっと頑張ればできるような役割や目標を設定し、それに取り組ませ、途中での頑張りを認め、結果で判断しない」というのが大人の鉄則です。できた時には、「自分はやった！」「自分はできた！」という思いが強まるように、子どもが頑張ったところを具体的に認めることばをかけましょう。

　「子どもにとって無理な目標を設定し、それに取り組ませるが途中での頑張りを認めず、結果的にできない時には、強くけなす」は最悪のパターンとなります。これでは、子どもは意欲を持って取り組めなくなります。

❸役割を果たす

　お手伝いや係の仕事などに取り組む機会も出てくるでしょう。少子化の影響か、人に教わることが苦手な子が多くいます。大人からすると意外ですが、「教えてください」といった、「人に助けを求めることば」を知らない子もいます。「わからない」「できない」同様、必要な場面でこれらのことばを使えるように促します。

❹仲間と共感しあう

　3歳くらいの子ども同士では、一緒にあそぶなかで、自分の言いたいことを適切に説明することはできません。ことばで教え合うことが難しいのですが、お互いにやり方を見せ合うことで、学び合います。また、そのなかで「説明するためのことば」も学びます。

❺柔軟な思考を持つ

　3歳児のままごとは、それぞれがやりたい役をやる時期ですが、役割があるあそびを通して、少しずつ立場によってものの見方が違うことを学んでいきます。

　大人になり、レジリエンスが働きにくくなる理由のひとつに、考えを変えられないことがあげられています。考えを変えられないために、周りに合わせることができず、良好な人間関係が築きにくくなることがあります。

❻人の話を聞く

　子どもは3歳台になると、大人同士の話に割り込んできます。大人の話はわかるはずがないのですが、参加したい気持ちは受け止めながら「黙って」と注意します。すると子どもが怒ったりします。ここで「今は大人の話。子どもは黙って聞く」と話します。大人と子どもという役割（立場）をはっきり伝えることで、子どもは自分の振る舞い方を学びます。

❼感情をコントロールする

　大切なおもちゃが壊れるなど、自分の思い通りにならないことはたくさんあります。3歳前後から、騒がずに「残念、仕方がない」とあきらめることができるようにしていきます。感情のコントロール力は、与えられた役割を忘れず、実行する際に必要な力となります。

❽抑制力を高める

　4歳頃に育つ大切な力として、P.22でふれた選択的注意力があります。選択的注意力をつけるためには、少々周りがうるさくてもそれに気を奪われることなく、自分のあそびに集中する必要があります。子どもは、こういう環境にも慣れ、集中・持続してあそべるようになります。

3 社会性の発達とレジリエンス

④競争する

4、5歳頃

- 1番になりたがる
- 勝ちたいと思う
- 自分の力を発揮したがる
- 負けると悔しい
- 負けた子を慰める
- 他の子やチームを応援する
- 競争は楽しい
- ルールを守ろうとする

勝ち負けを意識する

　家から出る時に、一番早く出ようとする子ども。理由もなく、先に車に乗ろうとする子ども。トイレだろうが何だろうが、目的地に最初に着こうと競い合う子ども。4歳くらいになって、「1番」「先に」「最初に」という気持ちが表れだした時、子どもは何ごとにおいても「勝ち―負け」を意識しだします。勝ち負けを意識することで、子どもは思わぬ力を発揮することもあります。競争心が、子どものなかの潜在力を引き出します。

「速い、強い、勝った」の日本基準

　日本では普通に、「速いね」「強かった」「勝ってよかった」と、子どもの姿を評価します。こういった大人の評価が子どもに刷り込まれ、次の世代へと受け継がれていきます。

　お父さんの赴任に家族で付き添い、イギリスの小学校で息子を学ばせたお母さんがいます。彼女は、イギリスでは日本風の「速い、強い、勝った」で子どもを評価しないことに驚いたそうです。イギリスの小学校では、競争の際に「ルールを守る」「勝ちを威張らない」「仲間との競争を楽しむ」という面で、子どもを評価するとのことでした。彼女は日本に帰ってきて、「速い、強い、勝った」の評価に驚き、ミリタリースクールではないかと感じたと言います。

　仲間がいなければ、競争は楽しめません。競争を楽しむためには、正々堂々と競い、ルールをしっかりと守る必要があります。また、勝ったことを喜んでも、敗者に威張らないという配慮をしなくてはいけません。そうしなければ敗者になった子は競争に参加しなくなり、継続的に競争を楽しむことができません。

　競い合いは、勝ちや負けがあることを子どもに教えます。勝ったり負けたりする人生が子どもを待っています。それを学ぶ機会を、仲間との競争は教えてくれます。

　なかには、勝ちたいとあまり思っていない子どもがいます。負けても悔しがりません。気質として、競争心が薄い子なのでしょう。しかし、負けて悔しがらない子がことばではなく、体にふれたりして負けた子を慰めたりします。こういう子がいることで、子どもたちには情緒的な関係が生まれ、強まります。こういう子の存在が、子ども集団の仲間関係を強くすることでしょう。

【レジリエンスに対して、大人が持つべき視点】

○競争を楽しめるようにする

　ルールを守ることと、負けた子への配慮をするように教えることが必要です。ずるいことをしたら、それはいけないと注意します。

　競争は、子どもの潜在的な能力を引き出します。引き出された力に対して、具体的にどこがすごかったのかをことばにして、子どもと喜び合いましょう。

　競争は、子どもを熱気の渦に包み込んだりします。みんなで競い合うことで起こる熱気は独特のものです。試合で巻き起こる熱気は、応援する人たちに一体感をも生み出すでしょう。この熱気を感じることは、人生の喜びのひとつでもあります。

○応援するように促す

　自分の所属するチームや仲間を大声で応援する子どもたち。応援する子どもは自然に声をだし、体で気持ちを表現しています。応援する姿を見ていると、人間は群れを作り、互いに励ますようになっていると感じます。

　応援されると、さらに思わぬ力が出てきて、実力以上の動きを発揮することもあります。それがわかっているから、応援する側も気持ちが入るのでしょう。

○負けることもあるという体験をさせる

　負けることもあるのが競い合いです。子どもには負けるという体験が必要です。その体験を通して、負けた時の自分の気持ちの収め方を学んでいきます。

　また、負けたことを通して、どうやったら勝てるようになるかを考えます。そのことは、ものごとを分析する力を身につけさせるでしょう。そして、勝つための方法を考え出せれば、子どもに自信がつくはずです。

　「負けること」に敏感すぎる子がいます。競争場面を嫌がり、自分へのマイナス評価を避ける子がいます。学校も社会も、子どもや人を評価する側面を持っています。負けること、失敗することに耐えられないと、学校などで適応できなくなります。

　負けても平気なこと、次があること、次に備えて準備することなどで、子どもの落ち込んだ気持ちを復活させます。

○泣き叫んでも、一時期のことと考え、見守る

　負けた子が、悔しくて泣くことがあります。この悔しい気持ちは、勝ちへの意欲につながります。泣いている子はかわいそうですが、それは一時期のことです。必ず、子どもは負けても泣かなくなります。

　子どもが成長し、自分の気持ちをコントロールできるようになることを信じて、大人は見守る必要があります。

　仲間との競争のよさは、「泣いて騒ぐ」と、他の子たちが楽しくなくなることを教えてくれる点です。子どもは、みんなが楽しくなくなるから、泣き叫ぶことを抑えるようになります。泣き叫ぶ子を慰める子も出てきます。

3 社会性の発達とレジリエンス

○大人が勝ち負けにヒートアップしない

「速い、強い、勝った」の基準で判断する傾向がある日本人です。その基準が、保護者の応援にも表れることがあります。大人がヒートアップして、敵側の子どもをののしってしまうことがあります。

こういう大人の姿を見た子どものなかには、それを応援とは受け止めず、「醜い」と感じる子もいます。応援の仕方にも配慮が必要です。

【レジリエンスを高めるために】

❶自己への評価を高める

競争を楽しむためには、ルールを理解し、それを守る必要があります。1、2歳の頃にはルールはわかりませんが、3歳頃から少しずつ理解するようになります。4歳では簡単なルールなら楽しめるようになり、5、6歳になると、より複雑なルールも理解し守れるようになります。

ルールがよくわかっていない子には、教えることもできるようになります。競争している子どもたちに、小さい子が近づいてくると「わからないからだめ」などと言いながら、仲間に入れなかったりします。

競争のルールを理解し、それを守って競い合えるようになった時に、子どもは自分を「お兄さん・お姉さん」になったと思うことでしょう。

❷社会的承認を得る

目に見えないルールが理解される4、5歳の頃に、子どもの心のなかに「内面」が生まれるとされます。他の子どもがぶつかってきた時に、子どもはぶつかった行為が「わざと」か「わざとじゃない」かについて考えるようになります。行為の動機、相手の心の内面が、その後に取るべき自分の行動を決めます。「わざと」の場合は仕返しをしなくてはいけない、「わざとじゃない」時には、相手を許さなくてはいけない、といったことです。

内面に目が向きだす子どもですが、この頃から子どもの内面を認めることばが子どもの心に届きます。「優しいね」「おもしろいよ」といったことばです。こういう肯定的なことばが、子どものレジリエンスを引き出し、強めると感じます。

❸役割を果たす

園や家庭には、それなりに決まりやルールがあります。お手伝いや係仕事も重要な役割となります。それを守ることで、子どもは自分の居場所を確保するともいえます。

アメリカ人の女子中学生を、10日ほどホームステイとして受け入れたことがあります。生活をするなかで、さまざまな文化の違いを感じました。そのなかで、彼女たちが人から何かをしてもらった時に、「サンキュー」と必ず言います。互いにサンキューと言い合うのはよい習慣だと感じました。

子どもが何かをやってくれた時には「ありがとう」と感謝すると、子どもの意欲もアップします。お手伝いや係仕事の際にも「ありがとう」を忘れないようにしたいものです。

❹仲間と共感しあう

　子どもは４、５歳くらいから競争し始めますが、競争できる仲間は、実に楽しい存在です。これは大人になっても同じです。クラブ活動の友だち、仲間と過ごす時間は愉快です。その気持ちは、子どもの頃に培われるのでしょう。

❺柔軟な思考を持つ

　子どもは２歳前後から、〇か✕かの二分法でものごとを考え始めます。できたら〇、できなかったら✕です。自分がしたいことは〇で、したくないことは✕になることもあります。
　二分法は、必ずしも現実的な考え方ではないので、「自分の思っている通りにならないかもしれない」という見方が大切になってきます。競争場面では、「勝ちたいけれども負けるかもしれない」と考えます。このことで、現実を柔軟に受け止めることができるようになります。「たぶん」「おそらく」も柔軟な受け止めを促します。
　「かんしゃく持ち」の子どもには、このあいまいな見方ができない子がいます。「絶対」「全然」を使う子も、柔軟な受け止めができない可能性があります。大人になって、レジリエンスが働きにくい人のなかに、現実を柔軟に受け止められない人がいることがわかっています。

❻人の話を聞く

　話を聞くためには理解力が必要ですが、個人差があります。言われたら従うという子も少なくありません。仲間と話をしながら、やることを決めるというのも、重要な力です。
　５歳くらいになってくると、仲間と話し合って競争するテーマややり方を決めることが増えてきます。手や足を出して決めるのではなく、ことばでの話し合いを大人は誘導していきましょう。

❼感情をコントロールする

　赤ちゃんの頃には泣いて訴えていたのに、徐々に子どもは泣かなくなります。特に競争場面で泣けば、他の子たちの迷惑にもなります。子どもは、泣くのは「赤ちゃん」とも思うのでしょう。だから泣く自分は赤ちゃんになるので、プライドが許さなくなるのでしょう。「泣くのはおしまい」のことばは、赤ちゃんからの脱却を子どもに促します。

❽抑制力を高める

　子どもは４歳半ば頃から、順序数がわかってきます。「１番目、２番目、３番目」という数え方です。順序数がわかってくると、順序にそって手順を踏むことができます。競争場面で「１番、２番」というのがわかるのは、順序数の理解が関係しています。
　「～番目にやって」は、子どもに優先順位を教えることばでもあります。今すぐにやりたいことを我慢して、順番にやることを教えてくれます。生活のなかで、「１番目は～」「２番目は～」というように、自分で管理ができるようになります。

3 社会性の発達とレジリエンス

⑤話し合う

5歳頃	●抑制力が働きだす ●力ではなく、じゃんけんや話し合いでものごとを解決する ●メンバー全体の意見を聞く ●話しながら、相手の考えを知る ●手や足を出すのはルール違反だとわかる ●感情的にならないで話す ●話し合いで決まったことは、守る義務があるとわかる ●話し合いを楽しむ

発達は、行動化から言語化へと進む

　P.22でふれたように、0、1歳頃は、怒った時にたたく・蹴るといった行動をとります（行動化）。それが2、3歳になると言語化し、「貸して」「やめて」とことばで意思を表現するようになります（この時期はまだ、行動化を伴うこともあります）。

「行動化」から「言語化」への道筋からすれば、子どもが「話し合い」をできるようになるのは、当然のことといえます。一般的には、5歳頃から、子どもは話し合いでものごとを決めることができるようになります。ただ、子どもの言語能力、理解力、社会性は同じではなく、足並みは揃ってはいません。だから話し合いに入れず、あるいは理解できずに「行動化」してしまう子もいます。

大人が通訳の役割を果たす

　ことばの獲得ですが、初めの頃は大人の役割が少なくありません。子ども同士での会話も、2歳前後から見られだしますが、やりとりが確実にできているかといえば、そうでないこともあります。時として大人が、子ども同士の間に入り、通訳する必要があります。

　大人は、子どものことばが未熟でも、その意味を解釈することができます。そのことで、会話が成立します。大人との会話から出発する、子どものコミュニケーション能力です。それが、他の子どもへの関心が高まり、話したいとの思いが生まれ、話し合いのベースとなっていきます。

成立しだす子ども同士の会話

　ことばの成長につれて、子ども同士での話し合いができるようになります。ただ、子どものことばの力には個人差があり、意味の取り違えのためなど、話し合いにならない場面も見られます。勘違いや行き違いが、けんかを引き起こし、泣いたりする子も出ます。しかし、コミュニケーションを積み重ねるうちに、ことばの理解力を高め、会話の中身が不確かなこともありますが、話し合いが成立しだします。

　大人とは会話はする一方で、同世代の子ども同士ではコミュニケーションがうまくとれない子の場合、類推が働かずに話し合いには至りません。何を話していいかがわからない場合もあります。その時には、大人が話すテーマを教えます。

【好きなこと】

・好きなことは何？（好きな食べ物、あそび、友だち、あそび場など）

【上手なこと】

・上手なことは何？（かけっこ、お絵かき、折り紙、積木、ブロックなど）

【欲しいもの】

・欲しいものは何？（おもちゃ、ケーキ、お菓子、果物など）

【行きたいところ】

・行きたいところはどこ？（公園、遊園地、ショッピングモールなど）

　子ども同士の会話を促すのが大人の役割となります。

乱暴はルール違反

　乱暴する子に対しては、話し合いの意味をわかっている子が、「たたいてはいけない」と注意したりします。子どもだけでは、乱暴する子を止めきれない場合、大人が介入する必要があります。乱暴で言語化がうまくできない子は、仲間集団から嫌われる可能性があります。

話し合いは冷静に

　４、５歳くらいから、話し合いの時にはルールがあることを伝えます。順番に話す、人の意見は聞く、相手にわかるように話す、といったことを守る必要があります。怒り口調や相手をなじるような言い方はマナー違反なので、注意します。

　集団が大きくなると感情的になりやすい子には、話し合いの場から離れて、みんなが話し合いをしている姿を見せ、話し合いの進め方を学べるようにします。

決まったことは守る

　話し合いの目的は、「何かを決めること」です。その目的を仲間で、あるいはもっと多人数で話し合って、達成します。話し合いの混乱は、この目的を忘れ、内容がずれていくことも一因です。テーマからずれていく時は、大人がそれを思い出させる必要があります。

　話し合った結果、決まったことは、それを決めたメンバーが守らなくてはいけません。決められたことを守らなければ、話し合いの意味がありません。

　もしも決まったことに問題があれば、再び話し合えばいいことです。まずは、決めたことを守ることが大切です。子どもたちが決めたことを忘れてしまう場合には、文字に残すといいでしょう。

【レジリエンスに対して、大人が持つべき視点】

○自分の主張だけでなく、相手の意見を聞くことを教える

　話し合いは、もちろん子ども同士だけではありません。家族や園、学校などで話し合うこともあります。この時に、子どもに相手の意見を聞くよう教えます。

　ただし、先ほども書きましたが子どもの言語能力、理解力、社会性は未熟です。大人と同じではありません。子どもにわかるように話すこと、それから子どもの意見を聞きながら、本当はどういうことが言いたいのかを類推することも必要です。

3 社会性の発達とレジリエンス

○「話し合い」は、解決の手段であることを学ばせる

なぜ話し合うかといえば、何かを解決するための手段だからです。話し合いができなければ、力で主張し合うことになります。力ではなく、平和にものごとを解決させるのが話し合いの目的です。

話し合いができなければ、家族や仲間とうまくいかなくなることもあるでしょう。子どもには、話し合いの目的、意味、それから話し合いの結果を守るという役割を学ばせたいものです。

○話し合いを楽しむ

本来ならば、人の意見や考えを聞くことはものの見方を広げてくれ、新しい知識にもつながります。話し合いは楽しいものでもあるはずです。「話し合えてよかったね」「話し合って楽しかった！」「今度は、もっと話し合おう」などと、話し合いのあとに伝えます。話し合うことの楽しさに、子どもの目を向かせたいものです。

【レジリエンスを高めるために】

❶自己への評価を高める

話し合いで感情的になると、場の雰囲気が壊れてしまいます。6歳台で冷静に話し合えるようになるためには、感情的に振る舞わないこととともに、4、5歳頃から落ち着いた態度で意見を言えた時にはほめ、抑制力をはぐくんでいく必要があります。もちろん、子どもはまだ未熟です。話し合おうという気持ちを認め、促すように配慮します。

❷社会的承認を得る

自分の考えを表現できる機会を作ります。たとえば、どういうあそびをみんなとしたいかなどもそのテーマのひとつになります。

そして、自分の意見を、相手に伝わるようにはっきりと言えた時には評価します。

❸役割を果たす

話し合いでは、話す役ばかりではありません。人の話を聞く役も果たさなくてはいけません。聞く時には、相手が話す内容を受け止める必要があります。また、話の内容に合わせて自分の意見を表現する必要があります。

❹仲間と共感しあう

子どもの場合、話し合いの相手は、情緒的なつながりがある家族や保育者、先生、仲間の場合がほとんどかと思います。情緒的なつながりがあると、自分のことをある程度理解してもらっていることが多いでしょう。理解してもらっていれば、安心して話したり、聞いたりもできます。信頼関係がないなかでの話し合いはけんかになりやすいものです。

❺柔軟な思考を持つ

話し合いの結果は、自分の思いや願いとは違うこともあります。しかし、話し合いの結果ですから、それに従わなくてはいけません。「みんなで決めたことだけれど、自分は守りたくはない」という思いは誰しもあるでしょう。しかし、自分も入って決めたことだから従うという心構えが必要です。

このように、人の意見を受け入れる力は柔軟な対応をする力につながります。

❻人の話を聞く

人と対話ができるようになってきます。対話のルール、エチケットを教えていきます。もちろん年齢的に、理解力もコミュニケーション能力も十分とはいえません。話し合いの場面のなかで、感情的にならない、相手をばかにしないなど、具体的に教えます。

❼感情をコントロールする

じゃんけんやくじは、スピーディーにものごとを決める際には便利です。5歳になると9割はじゃんけんを理解するとされます。話し合いだけで決まらない時には、じゃんけんで決めるのも、ひとつの手です。

「運」によって決まるのは、自分の意志や感情を表すことでどうにかなることではないので、どうにもできないことに対する耐性を養ううえでよい経験になります。

❽抑制力を高める

・かわいい

話し合いができるようになる頃、女の子の多くは「かわいい」が好きになり、「かわいい」と見られたくなります。女の子が泣き叫ぶ時には、いつも使えば問題ですが、「かわいくないよ」と言うと抑えようとしだします。

・かっこいい

女の子の割合ほどではありませんが、男の子のなかに「かっこいい」と思われたいという気持ちが生まれます。「かっこいい」への憧れが、自分の振る舞い方に対してコントロールを働かせます。

※あくまで傾向であって、「かわいい」と見られたい男の子や「かっこいい」にあこがれる女の子もいます。女の子だからこう、男の子だからこう、と決めつけないように気をつけましょう。

幼児期に特徴的なものに、「結婚話」があります。「パパと結婚する」「ペットの犬と結婚する」といった話をします。成長するにつれ、パパや犬とはできない、多くの人は異性と結婚することがわかります。自分の所属する性がわかることを「セクシャル・アイデンティティー」（性の同一視）の獲得といいます。子どもは、性がわかってくると結婚話をしなくなります。

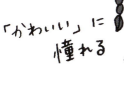

3 社会性の発達とレジリエンス

⑥決まりやルールを守る

5、6歳頃

- 約束を守ることで、仲よくあそべることがわかる
- 決まりを守るとほめられることを知る
- 決まりやルールを守らないと罰せられることを知る
- 決まりは、人の営みには重要だとわかる
- 仲間とのふざけっこを楽しむ

決まりに気づく

子どもは、1歳後半から「嫌いなものを食べたら好きなものをあげる」といった大人の示すルールを理解し、それに従いだします。ルールがわかるということが重要で、それは大人の考えをのみ込むということでもあります。調教みたいに感じるかもしれませんが、これが子どもにはわかりやすいのです。こういった関わりをしないで、子どもに任せていると「偏食」が起こる可能性が出てきます。そして、たとえば、「食べる時に待つ」「外に行く時には靴をはく」など、大人の示す決まりを学び、行動を獲得していきます。

子ども同士でルールを共有し、それについて互いに従いだすのは協同あそびが始まる頃からです。おもちゃを順番に使う、交替であそぶなどの姿が見られるようになります。

この頃の子どもは、ダダをこねることもあるでしょう。自分の気持ちが優先される頃ですが、子どもは、ルールに従い友だちとあそびます。自分の気持ちをコントロールしていることが見て取れます。

決まりを守るとものごとがスムーズに進む

順番であそぶというルールが、あそびを円滑に進めることを知るのでしょう。子どもは、まずは、2、3人の仲間とあそべるようになります。決まりに従ってあそびだす子どもは、約束もわかってきます。「3回やったらおしまい」「(時計の)6になったらお風呂だよ」とあらかじめ話しておくと、それを守ろうとしだします。大人との約束が守れるようになれば、争いも減り毎日の生活はスムーズになっていきます。

子どもに何から何まで指示していると、大人は大変です。そして子どもは自立できません。約束を意識させ、子どもがそれを守ることは、自立への道といえます。

決まりが、あそびを生み出す

2、3人であそんでいた子どもたちですが、多人数であそぶ姿を見せだします。「椅子取りゲーム」や「フルーツバスケット」などです。多人数であそぶ時には、ルールがはっきりしていなくては、あそびは続きません。また、勝ち負けのあるゲームでは、あいまいなルールは不要な争いを生んでしまいます。

ルールがあるから楽しくあそべること、またそれを繰り返せることを子どもは理解していきます。子どものなかには、ルールを理解できず、それを守れないけれども、「楽しくあそぶ」ことに熱中する子もいます。他の子の動きを見るように促しながら、気長に待つことも必要になります。

自分で決まりを考える

　一方で、衣服や生活習慣などについて、子どもが理解できない決まりもあるようです。昔ほど、性別と色を結びつけて考える人は減ってきましたが、なかには親や周囲に強制されて、自分の好きな色を選べないと怒る子もいます。子どもたちが矛盾を感じるような決まりは、子どもたちの意見を取り入れることが必要かもしれません。そのことが自分の考えを意識させ、判断する力を伸ばします。なお子どもは、ルールを守らないと罰せられることがあるのも体験していきます。

決まりを守ると、人に迷惑をかけずにすむ

　「人が話している時に騒いではいけない」のは、他の子の気をそらし、迷惑だからです。「廊下を走ってはいけない」のは、他の子とぶつかって危ないからです。人に迷惑をかけないために決まりがあります。

【レジリエンスに対して、大人が持つべき視点】

○決まりの大切さと守るべきことを教える

　決まりの目的、意味を子どもに理解させる必要があります。「決まりだから仕方がない」という答えでは、納得しない子もいます。

　決まりの目的、意味を教えないで、「決まりだから従いなさい」というのはある面で大人の横暴といえます。決まりは最小限しか作らないという、欧米の学校もあります。今ある決まりは、普遍的で絶対的なものではありません。子どもたちと一緒に、決まりについて考え直すことも大切だと思います。

○決まりは事故や争いを防ぐ

　決まりによって、安全が確保され、また、事故や争いを防ぐのも確かです。

・保育者の話をよく聞く
・他の子の話をしっかりと聞く
・ふざけすぎない
・乱暴なことはしない
・人をばかにしたようなことばを使わない

　こういったことが事故や争いを防ぐので、決まりやマナー、エチケットは守らせるようにします。決まりの重要性については、子どもの理解を促す必要があります。

3 社会性の発達とレジリエンス

○決まりを守るから、楽しい

　たとえば、見ず知らずの子どもたちが集まって行われる「野外キャンプ」。キャンプは9、10歳頃から好まれだしますが、決まりがあるから、安全であり、安心して他の子と関わることができます。子どもたちは、キャンプに参加したあとは、リーダーの話をよく聞き、他の子どもの動きにも注目するようになります。決まりによって守られ、楽しかったから、体験後にはみんなと合わせた行動がとれるようになるのでしょう。

【レジリエンスを高めるために】

❶自己への評価を高める

　ルールの目的を理解し、それを守れる自分を意識させます。そのことがあそびを成立させます。また、仲間同士で一緒に守ることが、仲間意識を高めます。

❷社会的承認を得る

　社会的承認ですが、「外的承認」と「内的承認」があります。「えらいね」「上手」というように、周りの人からほめられるのは、「外的承認」です。一方で、自分なりにできるようになりたいと思っていたことができた時に感じる気持ちがあります。「やった、できた」といった気持ちです。このように、自分のなかで感じる達成感などが「内的承認」です。子どもは、「外的承認」ばかりではなく、係仕事などをやることで「内的承認」も感じ始めます。

❸役割を果たす

　「内的承認」は、自信につながると考えられています。決められた役割を果たせるよう促します。

❹仲間と共感しあう

　仲間とあそぶ時にも、ルールを守らないと事故が起こり、争いにつながることもあります。子どもたちはそれを避けるために、4歳後半くらいなると、自分たちでルールを意識し、守ろうとします。かくれんぼやしっぽ取りなど、簡単なルールのあそびから、5、6歳ではドッジボールや子どもたち同士で鬼ごっこなどが楽しめるようになっていきます。

　ヒーローごっこ、ぶつかり合い、相撲などの「ふざけっこ」が子どもは好きです。ふざけっこでは、時に痛い思いもします。しかし、「痛い」よりも「楽しい」「おもしろい」方が上をいき、「ふざけっこ」が続きます。この楽しい、おもしろいといった気持ちは、後々のチームワーク、チームプレイにつながるのかもしれません。「ふざけっこ」、それも男の子の場合、時には度を越えることもありますが、仲間と共感し合う、特に「楽しい」「おもしろい」を共有し合うために必要な体験だと思います。

❺柔軟な思考を持つ

小学校の半ばくらいまでは、野球やサッカーの一般的なルールを自分たちで変えてあそびます。あそぶことが目的だから、ルールを柔軟に変えられます。もっと年齢が上がると、ルール本にのっとってあそぶようになります。小さい頃のルール変更は、子どもならではの柔軟さといえます。

❻人の話を聞く

「多数決で決める」ことへの理解もまた、自分の欲求や思いをコントロールさせてくれます。多数決は、公平に決めることの大切さを子どもに教えます。小学校5、6年生くらいになると、少数意見を尊重することへの理解ができるようになってきます。

❼感情をコントロールする

あそびやスポーツでルールを守ることは、それらを成立させるために必要です。決まりを意識し、守る時には自制心、抑制力が必要となります。それを通して、感情のコントロール力がつきます。

❽抑制力を高める

「ばち」があたる、と言うことがあります。鹿児島県の離島「甑島」には「トシドン」の風習があります。毎年大晦日の夜に、鬼のお面をかぶり、6、7歳の子どもがいる家に行き、「弱い者いじめをしていないか」「勉強をしているか」などを問いただします。よいことをしていればほめます。

次の項目では「道徳」を取り上げますが、「道徳」は目に見えない抽象的なものです。秋田の「なまはげ」も同じですが、見えないものを鬼の仮面で見えるものに変え、子どもに道徳の実在を感じさせるのでしょう。

3 社会性の発達とレジリエンス

⑦ 道徳を守る

6歳頃
- 「弱い者いじめをしない」など、道徳の大切さを知る
- お年寄りに席を譲るなど、人に優しくすることの喜びを知る
- 自分ができることを周囲の人に表現する
- 花を育てる、動物にエサをやるといったことを通し、「生き物」を大切に思うようになる
- 道路など、自分の周りだけでなく、公共のところもきれいにしようと思う
- 災害復旧など、助け合うことの大切さがわかる
- 一般常識でものごとを判断する

道徳の理解は、社会に入るためのパスポート

文部科学省では、道徳を4つの視点に分けています。その4視点とは以下のものです。
①主として自分自身に関すること
②主として人との関わりに関すること
③主として集団や社会との関わりに関すること
④主として生命や自然、崇高なものとの関わりに関すること

これらの4視点について、子どもの発達段階に合わせて目標があります。道徳を意識し、それを守ることによって、人の社会は安定し、そして安心して暮らせます。人が住みよい環境にするには、人々の道徳心はなくてはならないともいえます。

子どもは、道徳と公平を知っている

たとえば、「公平に」分配しなければ、富む者、強者のみが、食料なりを独占してしまいます。その結果、貧しい者や弱い者は生きていくことができなくなります。

最近の発達心理学の研究で、1歳児にも、弱い者いじめを嫌悪するといった、道徳的な心があることがわかってきました。また、子どもは公平に扱われないことに怒りを持つとされます。「弱い者いじめ」は、社会の成立を阻む要素となります。子どもが、ごく幼い頃から「道徳」と「公平」を知っているのは、社会を作り、それを維持するためのものが何かを、よく理解しているからでしょう。

世のなかの約束ごと

家庭や園、学校での約束、ルール、決まりを意識するとともに、周りにも「約束ごと」があることがわかってきます。「弱い者いじめをしてはいけない」「弱い人は助けなくてはいけない」といった道徳観念です。子どもにとって「世のなか」は抽象的すぎてわからないことが多いと思いますが、成長とともに「道徳」に気づき始めます。道徳を知り、それを理解するには環境的な要素も必要でしょう。大人から教わることも大切です。子ども同士のやりとりを見ていると、道徳的判断が会話に織り込まれていることがわかります。仲間から学ぶ面もあります。

また、アニメや絵本にも、道徳的な話が出てきます。こういったものにふれながら、子どもは道徳や正義を理解し、獲得していくのでしょう。

自分を律する基準

　P.50でふれたように、正義のヒーローになって、悪を倒す姿にあこがれて、実際におもちゃの剣を振り回したりしながら戦う姿を見せる子や、赤ちゃんをやさしく世話をするなど、「弱いものを守り育てる」姿を見せる子もいます。こういった役をやりながら、子どもたちは自分の心を、正義や優しさで律することを学ぶのでしょう。

道徳を人への非難の根拠にしない

　道徳は一方で、人を非難する根拠にもなります。「朝ごはんを作らない」と、母親を非難する子に会ったことがあります。通常、自分の家族の悪い点については、子どもは人に話さないものです。たとえば、親から虐待を受けている子は、そのことを隠そうとします。家族にとって不利なことを外に知らせたくないからでしょう。母親を非難する子は、道徳を根拠に人を非難しがちなタイプのようでした。
　お母さんなりの事情を考えさせ、家族を非難するようなことは言わないよう話しました。

【レジリエンスに対して、大人が持つべき視点】

○公平に子どもを扱う

　子どもの時代で重要なのは、自分が「公平」に扱われることであり、また、仲間との助け合いの体験です。助け合い体験ですが、以下のようなものがあるでしょう。

- 子ども同士で机など、重いものを運ぶ
- 助け合って、あそびなどの準備をする
- 仲間と一緒に何かを製作する

家庭での助け合い体験は、お手伝いです。家での手伝いとしては、

- 食器の用意
- 買ったものを運ぶ
- 洗濯ものをハンガーからはずし、たたむ
- 掃除をする

などがあげられます。仲間と助け合うことで、目的を達成する喜びを知ります。家庭では、家事の一部を担うことで、家の暮らしに役立つ体験をします。道徳には、いくつかの領域がありますが、その気持ちを養うのは、子ども時代の「助け合い」の体験であり、それによる目的達成の喜びを知ることでしょう。

3 社会性の発達とレジリエンス

○「自分だけがよければいい」ではだめ

　人間には利己的な側面があります。それが強いと「自分だけがよければそれでいい」とか、「人を助けようとは思わない」という考えになりがちです。しかし社会は、それを構成する人たちが互いに役割を果たすことで成立し、維持されています。

　社会が複雑化しすぎて、人々が役割を果たすために働いている姿を見ることがまれになってきました。見ることがまれになったために、人々の役割そのものを実感しにくくなっているのは確かです。

　子どもには、多くの人たちが役割（仕事）を果たす姿を見せて、そのおかげで自分たちの生活が成り立っていることを教えたいものです。そのことで、「自分だけがよければいい」という、極端な考えを持たないようにします。極端な考えは柔軟ではなく、レジリエンスと相いれません。

【レジリエンスを高めるために】

❶自己への評価を高める

　正義や倫理観、道徳律は、周りから教わりながら、その場その場で自分なりに考えて判断し、行動する必要があります。たとえば、電車のなかで自分が座っている時に、目の前にお年寄りが立っている場面を想像してみましょう。どう対応するかは、自分で考えて行動しなくてはいけません。

❷社会的承認を得る

　幼児期から、周囲と助け合う経験をたくさんしていれば、自分なりに考えて、電車のなかで「席を譲る」という行動をとることができます。その思いやりを示した優しい行動は、周りから認めてもらえることでしょう。承認欲求を満たします。

❸役割を果たす

小学校で、高学年の子どもが新1年生を連れて、学校内を案内します。小さい子に教えるという役割を果たす、これも、小さい子に対して親切にする気持ちを養います。

❹仲間と共感しあう

幼児期は、同じあそびが好きというつながりで友だち関係が作られていましたが、小学生になると、自分と似たような正義感、道徳律を持つ子と共感が起きやすく、新たな友だち付き合いが生まれてきます。そういった友だちの存在は、子どもの道徳心を高めることでしょう。

❺柔軟な思考を持つ

子どもの頃の道徳心は、一面的で表面的なことが多いようです。たとえば「赤信号を渡る女性を見ると、いけない人」と決めつけてしまいがちです。しかし、その女性は「子どもがケガをして、いそいで病院などに向かう母親」かもしれません。

一方的な見方になりやすい道徳ですが、役割取得や多様な視点を獲得することで、柔軟な見方ができるようになるとされます。

❻人の話を聞く

道徳を基準にものごとを判断するには、相手の立場や都合に立って考えなければなりません。

そのためには、まず相手の話を最後まで聞くという姿勢を持ち、自分なりに考えて聞くことが大切になります。

❼感情をコントロールする

道徳が理解される頃、子どもは怒り、悲しみ、不満といった負の感情をストレートに表すことは恥ずかしいと思い始めます。それに気づいていない子には、「泣いては恥ずかしい」「みんながあそばなくなる」と話し、感情はコントロールすべきことを教えます。

❽抑制力を高める

一般常識とは、「運動するのは体にいい」「好き嫌いなく食べると病気にならない」「学校に行くことは当たり前のことだ」といった知識のことです。道徳も含めて子どもは、それを判断基準にして行動するようになります。もしもそれができない場合には、一般常識や道徳を丁寧に教え、それを実行するよう促します。

4 社会性の発達と仲間関係

子どもは、徐々に仲間と付き合えるようになるために力を蓄え、仲間関係を確立していきます。
この章では「仲間と付き合う・学ぶ」に焦点を当て、解説します。

年齢	テーマ	内容
2歳頃	相手の動きに合わせられるようになる	●他の子と手をつないで歩ける　●平行あそびをしながら相手の動きを見る ●「貸して」「いいよ」で、ものの貸し借りができるようになる（自他の分離） ●ままごとあそびをする 【レジリエンスにつながる要素】 ●相手に合わせることを教える　●人とのやりとりを教える
3歳頃	人との初歩的なルールを理解する	●順番がわかり守れる　●自分の好きな「友だち」、あそびなどがはっきりとしてくる ●2、3人の少人数であそぶ　●ルールがあることを理解し、いやなことでも受け入れる 【レジリエンスにつながる要素】 ●自分の気持ちをコントロールできるよう促す　●ルールへの理解を促す
4歳頃	ルールを共有してあそぶ	●集団であそび始める ●人の内面への理解が生まれてくる 【レジリエンスにつながる要素】 ●「ありがとう」を言えるようにする　●「ごめんなさい」を教える
5歳頃	仲間関係ができてくる	●かけっこなどで、グループに分かれて競争する　●他の子やチームを応援する ●負けた子を慰める　●テーマを決めて話し合うことができる 【レジリエンスにつながる要素】 ●勝っても威張らないようにさせる　●やっていることが上達していることを伝える
6歳頃	道徳や一般常識の観点で友だちを作る	●道徳がわかるようになり、守ろうとしだす　●大人のような判断をしだす ●子ども同士の言い争いも増えてくる 【レジリエンスにつながる要素】 ●子どもの言い分を聞く　●子ども同士のいさかいを、時には仲裁する
7歳頃	親よりも友だちといることを好むようになる	●子ども同士でのあそびを好むようになる ●大人の介入をいやがることも出てくる 【レジリエンスにつながる要素】 ●仲間関係がうまくいかない時には、話を聞いて力になる ●解決策はできるだけ自分で見つけさせる。ひとりでできない時には助言する
8、9歳頃	仲間と目標を共有して取り組む	●親よりも仲間の意見がますます大事になる　●仲間内での判断基準ができる ●仲間のことを、親に話さなくなる 【レジリエンスにつながる要素】 ●仲間の間でのトラブルには、大人はなるべく介入しない ●子ども同士の解決を待つ ●繰り返されるいじめや乱暴については、大人が介入することも必要

仲間と付き合う・学ぶ

仲間の重要性

発達にはいろいろな側面があります。仲間関係に焦点を当ててまとめてみると、関係作りが重要な目標になっていることがわかります。

次の世界を形作っていく子どもたち。当然ですが、ひとりでできることには限りがあります。何かをやりとげるには、仲間の力が必要なこともあるでしょう。幼児期はその土台を作っていく時期ともいえます。

仲間とゆとり

仲間と関係を結ぶためには、ゆったりとした時間、空間が必要とされます。しかし、子どもたちはゆとりの「間」が少なくなっています。レジリエンスを考えた時に、子どもが実際に自分たちで関係を作っていけるようにしたいものです。

親から仲間に依存し始める子ども

子どもは、赤ちゃんの時から親に依存して暮らします。しかし、徐々に親ではなく、仲間の判断を重視し、それに依存するようになります。

ある子ども向けのマンガ雑誌が、爆発的に売れていた時代がありました。雑誌から生まれてヒットしたキャラクターやゲームのなかには、世界的に広がったものがあります。

このマンガ雑誌ですが、小学3年生前後をターゲットとしているとされます。その頃の年齢の子が理解できることば、文章を研究し、雑誌のなかに採用しているそうです。

以前、都内にある区の小学3年生男子の間で、一升瓶のふたを集めることが大流行しました。子どもたちは昼間の酒屋さんだけではなく、夜に開いている居酒屋などに集めにまわり、それが問題とされました。子どもたちに話を聞いても、どうしてふたが欲しいのかを、大人がわかるようには説明できなかったようでした。

何の価値もない瓶のふたが、ある日、ある地域の小学3年生の男子たちを熱狂させました。これを、集団がメンバーに圧力をかける「集団圧力」と解釈することはできますが、もっと熱気に包まれていたようです。人気キャラクターに対するのと、似たような熱狂です。

この時ですが、大人の注意を子どもは聞かず、なかには子どもと一緒にふた集めをした親もいたそうです。

仲間集団の流れに巻き込まれ親の注意を聞かない、こういう時期が子どもには来ます。

「ウチ」と「ソト」の関係

子どもと親は、互いに「ウチの関係」です。子どもと仲間もまた、「ウチ」の関係です。親と仲間は、親が仲間のことをよく知らなければ、「ソト」の関係です。つまりは、「関係がない」ということです。このために、子どもはだんだんと仲間の話を親にしなくなります。「ソトの人」同士だからです。

それまでは、親など家族以外はみな「ソトの人」でした。ところが小学3年生あたりから、それまでの「ソトの人」の世界に、「ウチの世界」を築きだします。これが、「ウチの関係」となる仲間の世界です。仲間関係は、親にかわる深い関係へと育っていきます。

4 社会性の発達と仲間関係

築きだす仲間の世界

休日など時間が空いた時に、家にいる子どもが「つまらない」と言いだします。親が、公園に行ってあそぼうと話しても、うれしそうにしなくなったりします。子どもが親よりも仲間を求めだすと、「つまらない」のことばが聞かれだすようです。

子どもが仲間とあそぶ姿はうれしそうで、生き生きとしています。たとえば「あそび決め」の話し合いの場面でも、真剣な表情を浮かべます。

以前に、「パンが2つでパンツだ」と言い合い、ずっとそれで笑いあう小学校低学年の子どもたちとハイキングに行ったことがあります。大人には、何がそれほどおもしろいのかはわかりませんでした。しかし、子どもたちはあきもせずに言い合っては笑い転げています。その姿を見ながら、大人にはわからない世界を、子ども同士で作っているように感じました。ふざけあう、笑い合うための、仲間で築く楽しい世界です。

重視される仲間の意見

仲間と付き合っていくなかで、話し合いは不可欠です。小学生になってくると、弁が立つ子も出てきて理屈の応酬が始まります。理屈について、仲間はどの意見が適切かを考え、判断するようになります。意見を言う、それに反論する、聞いている仲間はどれがよい考えかを判断します。大人になっていく過程を歩んでいることがわかります。

大人の脳に成熟しだす

10歳前後を、「前思春期」とも呼ぶことがあります。この時期ですが、第二次性徴の前に、脳が一足早く成熟するとされます。それは、大人の体なのに子どもの脳のままでは、思春期の問題をコントロールできない可能性があるから、と考えられています。

前思春期になると以下のような心理的な変化が起こります。

- **それまでの写真のような「映像記憶」※から、「エピソード記憶」※にかわる**
  （映像ではなく、エピソードや意味などで、記憶しだす）
- **特定の人と永続的な関係が結べるようになる**
  （小学5年生前後から、転校した友だちとも関係を維持できるようになる）
- **大人のような時間への理解をする**
  （1年先の演奏発表会や、数か月後の試合のために毎日練習をする。時間のつながりを実感しだす）
- **お金への関心が出てくる**
  （貯金して目的のものを買うなどができるようになる）
- **自分なりの意見や考えを持つ**

子どもは、このような段階を経ながら大人になっていきます。

映像記憶
見たものをそのまま記憶する力。幼児期に特徴的とされる。なお大人になっても、映像記憶が強い人もいる。

エピソード記憶
自分の体験したことの日時や内容、またその時の感情などの記憶。修学旅行などでの集合写真を見ると、いろいろなことを思い出すのもエピソード記憶の働き。

大人のような見方を学ぶ

子どもは、仲間との意見の交換を通しながら、大人のような見方、判断の仕方を学んでいくようです。「楽しいか」「本当にできるのか」「みんなが参加できるか」「大人から怒られないか」「危なくないか」などを検討するようになってきます。

同じ目標を目指す

8、9歳頃から、仲間で同じ目標を共有し、それを実現するために一緒に考えだします。

この時期ですが、子どもに「急がば回れ」「ちりも積もれば山となる」といったことわざで説明するとわかるようになってきます。ことわざや「座右の銘」は、レジリエンスの力を強めます。こうやって理解の力を増しながら、子どもは、大人への階段を上りだします。

協同作業の深まり

協同作業を行うためには、他の子たちと協力し合わなくてはいけません。それは、他者を理解することにつながります。

また、感情の交流も起こり、互いの気持ちを尊重し合うことの大切さもわかってきます。

仲間関係を作る

子どもたちのなかには、仲間を作れない子がいます。習いごとで忙しく仲間とあそべない子もいます。この時期の子どもの発達上のテーマは、社会性が大切だと思います。仲間とあそべない子には、そのような機会を与えたいものです。そのことで、社会性を成長させます。

【レジリエンスに対して、大人が持つべき視点】

○仲間関係がうまくいかない時には、子どもの話を聞く

6歳は、仲間付き合いが深まりだす時期です。この時に、仲間関係が形成できないと、学校に行ってもひとりぼっちになる可能性があります。勉強ができる子や本が好きな子はひとりでも退屈しないかもしれませんが、多くの子はそうではないでしょう。ひとりでいることは退屈で、つまらないはずです。

不登校、引きこもりになる子たちを見ていると、仲間関係が成立していないか、とても薄い印象を持ちます。決して、仲間関係の問題だけが理由とは思いませんが、仲間がいないことのつらさ、さびしさを、そういった子どもと話していると感じることがあります。

一方で、仲間関係が構築されている子は、少々いやなことがあっても、学校に行くことができます。友だちと話すうちに、いやだったことを忘れたりします。レジリエンスが働いています。

4 社会性の発達と仲間関係

○解決策はできるだけ自分で見つけさせる。ひとりでできない時には助言する

仲間との関係ですから、本来ならば自分で解決すべきではあります。子ども同士の問題に親や大人が入りすぎると、問題がこじれてしまうこともあります。

ただ一方で、それまでの育ちのなかで当然獲得しておくべき仲間関係に問題が起こった時の修復機能が弱い子がいます。兄弟姉妹がいないか、年が離れていて、「キョウダイげんか」を体験していないために、関係修復の仕方を学んでいない場合もあります。

仲間関係のあるべき姿、関係の重要性、また、関係が悪化した時の修復の考え方や具体的な解決法を教えることも必要です。

○仲間との結びつきが強まる

前思春期より少し前は、仲間との結びつきが強まる時期です。逆に、この時期に仲間との関係を上手に築けなければ、心理的な問題を抱えることになると考える専門家もいます。

子どもが親から離れだす時期でもありますが、これはごく自然なことでもあります。親は、子ども同士の結びつきの強まりを理解しながら、見守る必要があります。

○仲間の感じ方や価値基準を学ぶ時期

仲間の影響力が強まるので、歌、洋服、本、映画などへの好みに影響を受けるようになります。「同世代感覚」とでもいうべき感覚が醸成されだします。「話が合う」「息が合う」といった感覚は、同世代感覚から生み出されるものかもしれません。将来の友だち関係、恋人関係にも影響を与えるように感じます。

○繰り返されるいじめや乱暴は、大人が介入しなくてはいけないことが多い

仲間集団が形成されるのは自然なことですが、その仲間が間違った考え方で動くと思いもよらない「いじめ」になったり、時には「暴力」につながったりすることもあります。こういう場合には、大人が介入する必要があります。

74

【レジリエンスを高めるために】

❶自己への評価を高める

　仲間とともに、勝利やなしとげることなどを目標にし、協力し合い、実現できるようにします。小学校の低学年頃に強まるのは、仲間と目標を共有することであり、互いの結びつきです。

　仲間との付き合い方がわからない子には、うまく付き合えるよう、丁寧に教えます。特に仲間とトラブルになった時には、その原因を一緒に探り、適切な関わり方を伝えます。

❷社会的承認を得る

　友だちからほめられる、認められる機会を作ります。この時期になると、親よりも仲間からほめられ、認められることを喜ぶようになります。たとえば得意なこと、頑張って達成したことなど、互いにほめあうよう促します。

❸役割を果たす

　チームなどに参加した際、自分がやるよりも他の仲間が役割を担った方がいいと考えるなど、チームの勝利のために自己犠牲ができるようになります。

　互いの力量をはかり、人の意見も参考にしながら、チーム内の自分の役割を、その時の状況に応じて変えられるようになります。仲間とともに学んでいきます。

❹仲間と共感しあう

　仲間関係ができてくる5、6歳頃から、たとえば「リレー」や「中当て」などで熱くなる姿を見せ始めます。小学生になると、より本格的に仲間と何かに熱狂的に取り組む、あそぶなどの機会は、子どもの社会性の成長にとって大切な体験を与えます。

　チームで戦う場合、勝利ばかりではなく敗者になることもあります。それをみんなで経験し、我慢して乗り越えます。勝ち負けを仲間とともに体験することを通して、力を合わせる大切さや、負けた時の乗り越え方も学ぶことでしょう。

❺柔軟な思考を持つ

　仲間と考えが合わない時やあそびの内容によっては、話し合いが必要なこともあります。そのことで、仲間の考えを知り、また、相互に理解しあうことで「仲間の一員」という意識を形成させます。

　この頃ですが、学校が違うけれど公園などで知り合った、あるいは習いごとが一緒で友だちになるといった姿が見られるようになりだします。身近ではない相手と話しながら、子どもは広い世界に目を向け出します。

4 社会性の発達と仲間関係

❻人の話を聞く

仲間の意見や考えを聞くことは、自分とは違うものの見方を学び、時には受け入れることにもつながります。そして、目的を達成するためには、集団への話も自分への話として理解し、それに従うことも必要です。仲間とともに状況への理解や、対応法を学んでいくといえます。

大人になってレジリエンスがうまく働かない理由として、考えを変えられないことがあげられています。他人の意見を受け入れず、かたくなに、自分の考えにこだわるともいえます。この時期の話を聞く体験は、将来のレジリエンスによい影響を与えるでしょう。

❼感情をコントロールする

自分のやりたいことではなくても、仲間との話し合いで決められたことには従うように促します。やがて仲間からの助言も、冷静に受け止めることができるようになるでしょう。

不必要に泣いたり怒ったりして感情を出しすぎると、仲間は不愉快になり、嫌われることもあります。

感情は伝染するとされています。泣いたり怒ったりの感情は、伝染すれば、周囲を不愉快にもします。子どもは「楽しいこと」が好きです。マイナスの感情は、それとは反する影響を与えてしまいます。

❽抑制力を高める

自分の考えにこだわらずに、人の意見を聞くことが必要です。何かに偏らない、バランスの取れた見方を学ぶと、抑制力も身につきます。

自分のことだけではなく、仲間集団全体を考えて判断し、全体を見渡す力がついてきています。仲間と一緒に体験することで、自分のことを知るようになるともいえます。

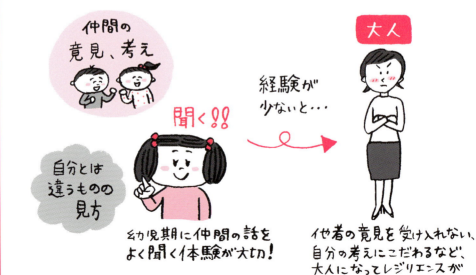

事例から見る
レジリエンス

問題を抱えた子どもたちがどのように立ち直っていくのか、
周囲の大人はどのように見守り援助したらよいのかについて、
幼児期だけでなく、小・中学校、青年期の事例も取り上げて考えます。

| 現場から 1 | 園の巡回相談※で出会った子どもと保護者① |

他の子のものを取る子ども

Sくん（3歳児 保育園）

　3歳1か月のSくんは、他の子があそんでいるおもちゃを突然取り上げます。おもちゃを取られた子は怒ったり泣いたりします。しかし、Sくんは返そうとはしません。保育者は、「取ってはいけない」「貸してと言おうね」と説明しますが、行動は変わりません。

　しかし最近、取り上げるのが急ではなくなりました。何かを考えているような表情を浮かべます。

関わりとレジリエンス

　1歳台の子どもは、欲しくなると他の子のあそんでいるものなどを取り上げます。実力行使をし、取り上げたものを体の後ろに隠して、返そうとしません。この頃は、思ったことをすぐに行動に表す時期です。Sくんの姿はまだこの時期のようです。

■自他の分離と「貸して」「いいよ」のやりとり

　ストレートに行動に出していた子どもですが、体験の効果もあるのでしょう、取ろうとする前に相手の表情をうかがうようになりだします。このように相手の表情から、相手のことをわかろうとする姿が、他の場面でも見られるようになります。

　自分と他者は違う、ということがわかり始めるのは、2歳半頃とされます。その根拠ですが、たとえば親が「行ってきます」と言ったあとに、子どもが「行ってらっしゃい」と返すようになります。同じ場面ですが、自分と他者の違いがわかるから、ことばを使い分けると考えられています。Sくんは、まだこういった認識ができないようでした。

　「貸して」「いいよ」も、自他の分離がなければ出てこないやりとりです。自分と他者の違いがわかるので、相手への「貸して」のことばかけができるようになり、「いいよ」の返事を待てるようになります。

　貸すか貸さないかを決めるのは、相手の子どもです。ところが、この決定権が理解できていないSくんのような子は、取り上げて平気だったりします。繰り返し体験させ、貸すか貸さないかを決めるのは相手であることを教える必要があります。

■発達が進み、レジリエンスが働きだす

　Sくんはやがて、「取り上げるのが急ではなくなり、何かを考えているような表情を浮かべる」ようになりました。徐々に、相手の気持ちに注意が向き始め、自他の分離が進みだした可能性があります。保育者たちにはそのこととともに、ことばを教えることの必要性を伝えました。そのうちに「貸して」「いいよ」のやりとりがわかるようになるとも話しました。

　発達が進むことで、レジリエンスが働くようになります。

※巡回相談…区立（東京都）の保育園にて、障害のある子ども、気になる子どもの発達診断と保育へのアドバイスを行う。

現場から 2　園の巡回相談で出会った子どもと保護者②

「イヤイヤ」期にいる子ども

Yくん（3歳児 保育園）

　3歳9か月のYくんは、保育者の言うことを聞きません。何かをやらせようとすると、「いやだ」と叫び拒否します。体重が20kgほどあり大柄で、動きが衝動的で危ないこともあり、保育者が抱きしめてコントロールしようとしますが、体にふれられることをいやがります。

　ご両親の話では1年ほど前はこうではなく、おとなしかったとのことでした。

関わりとレジリエンス

　「イヤイヤ」期の子どもは、体にふれられるのをいやがる傾向があるようです。特に運動やリズム体操などをさせようとすると、強く抵抗したりします。やや、ことばの発達に問題があり、Yくんは「イヤイヤ」期の始まりが遅かったのかもしれません。遅かったために、体が大きくなり、大人が制御するのも大変になりました。家庭でも、困っているとのことでした。

■人から学ぶ喜びを知り、抜ける「イヤイヤ」期

　「イヤイヤ」期の子どもは、人の指示や示されたルールに従うのを拒否します。たとえば、自分の思っている洋服と、大人が指示する服が違えば拒否します。「○○をやったら、次は△△をやろう」と大人がルールを示しても、それに従おうとはしません。

　この「イヤイヤ」期ですが、子どもは必ず抜けていきます。Yくんは、運動では大騒ぎで拒否していました。しかし、色板を色ごとに分類する、色積み木を使って見本と同じに構成するという課題では、少しずつ保育者の言うことに従いだしていました。

　保育者の指示やルールに従うと、ちゃんとできることがだんだんとわかってきたのです。人から学ぶことが楽しくなると、極端な「イヤイヤ」期からは抜けていきます。

　幼児期の子どもは、短い間にたくさんのことを学ばなくてはいけません。子どもは、本来「学びたがっている」といえます。だから学ぶ喜びを知ると、素直になっていくのだろうと思います。ここに、子どもが本来持っているレジリエンスを見ることができます。

　なお、Yくんの場合は、課題学習的なものが気持ちをひきつけ、大人の指示などに従い始めるようになりました。運動をする喜びが「イヤイヤ」期を抜けるきっかけになる子もいます。他の子とのあそびが、抜ける助けになることもあります。

　「イヤイヤ」期の強度ですが、これは子どもによって違います。兄弟姉妹によっても、多くはその強さ、しつこさが違います。

現場から 3 園の巡回相談で出会った子どもと保護者③

親からネグレクトされ、愛着関係が築けていない

Tくん（4歳児 保育園）

　Tくんは、乳児院から出てきたばかりとのことでした。0歳児の時に、ネグレクトの疑いで児童相談所に保護され、その後施設に入りました。しかし、親の反省と子どもへの思いの強さもあり、1歳半ばに家庭に戻りました。親元に帰す条件が、保育園に入ることでした。園では紐を振りまわしていて、自閉的な印象がありました。いわゆる、「施設病」の行動でした。

関わりとレジリエンス

　親への、特に母親への支援が必要でした。細やかに、育児の仕方を教える必要があります。この部分の支援は、園では毎日、熱心に取り組まれていました。ただ、Tくんの情緒的な問題が心配でした。Tくんの担当には、若い男性保育者がなりました。この保育者にはあまり表情もなく、第一印象は「大丈夫かな？」でした。

■愛着関係を築く

　ところが、半年後、1年後と再訪するたびに、Tくんの表情が豊かになっていることに気づきました。また、男性保育者の姿を目で追い、一緒に動いていました。Tくんが、保育者と愛着関係を築けていることが見て取れました。
　子どもは、特に幼児期の子どもは1歳違うと、全く違う存在になります。たとえば、5歳の子は3歳の子の世話をすることはできますが、完全に対等には一緒にあそべません。それは、5歳の子と3歳の子には、言語能力、理解力、社会性などの面で大きな差異があるからです。
　大人になれば、2歳の違いなどあまり問題ではなくなります。似たような能力が備わっているからです。ところが子どもは違います。子どものこういった差異は、子どもの「学びたい」という思いから生まれます。子どもは短い間に、たくさんのことを学ばなくてはいけません。それには教えてくれる人が必要です。そして、教えてくれる人に信頼感を持ち、愛着心をはぐくみます。
　男性保育者は、子どもが何かをできた時に大げさにほめるタイプではありませんでした。ただ、Tくんと関わる時に、取り組んでいることができるようにサポートしていました。子どもの状態をよく把握していなければできないことです。Tくんを、深く観察していることがわかりました。
　Tくんは、保育者に教わり愛着関係を築くことで、紐あそびをしなくなりました。レジリエンスが働き、成長が進んでいったと思います。
　子どもは、4、5歳頃から、「○○先生が、折り紙を教えてくれた」「△△先生から、トランプを教わった」といった話を、家族にするようになります。この頃の子どもにとって、何かを教わることの意味の大きさがわかります。小学校高学年にもなると、「□□先生の教え方は下手」と、逆に批判するようにもなります。
　幼児期に、特定の先生との思い出を持つ人たちがいます。振り返ると、心が温かくなると話す大人もいます。とてもよい思い出のようです。特定の先生との思い出を持つ人は、その先生に何かを教わり愛着関係を築いた可能性があります。
　親も同じで、「ママとクッキーを作った」「パパからサッカーを教わった」といった親との思い出のある子は、情緒的に安定している印象があります。
　幼児期、子どもは学びたがっていることを忘れないように関わりたいものです。

現場から 4 園の巡回相談で出会った子どもと保護者④

ことばの遅れから、知的障害があると「誤診」

Fちゃん（5歳児 保育園）

　Fちゃんは、知的障害があるというので、巡回相談の対象になった子でした。彼女の動きや他の子とあそぶ姿を見ていると、「知的障害が本当にあるのかな？」と思いました。会話をしてみたら、年齢相応の理解力でした。彼女は2歳初めに「ことばの遅れ」を指摘され、発達支援センターを受診、そこで心理検査を受けて、数値だけで「知的障害」と診断されました。その結果、子どもの発達を促す「療育機関」に通い、訓練を受けるようになりました。ただ最近は、彼女は療育機関に行くのをいやがるようになりました。母親は、保育園に行きたがって困っていると話しているそうです。

関わりとレジリエンス

　Fちゃんは知的障害がありませんから、健常な子とのあそびが楽しくて仕方がありません。5歳になってから、他の子との結びつきも強まっています。なぜ自分ひとりだけ、保育園であそべないのかという気持ちもあるでしょう。療育機関に通いたがらない、というのも障害がないことを証明しています。

■子どもの成長は多様性に富む

　はっきりとした障害がある子は、早期診断が必要であり、早ければその後の療育によりよい効果を上げることでしょう。ただ、子どもの発達障害を早期に診断する場合は、非常に慎重な配慮が必要です。子どもの成長の姿はさまざまです。まさに多様性に富んでいます。

　経験豊かで発達障害に詳しいある小児科医は、「5歳までの診断はあくまでみなし診断である」と話します。明確な場合を除き、「発達障害あり」の確定診断は5歳まではできないという意味です。

　子どもたちのなかには、「スロースターター」と呼ばれる子たちがいます。「大器晩成」タイプで、晩熟型の子たちです。ゆっくりと成熟するので、初期段階では「ことばの遅れ」や「動きの不器用さ」などを指摘されがちです。しかし、その後にはキャッチアップ（追いつく）していきます。Fちゃんは自分でレジリエンスを働かせたともいえます。

　保育者には、知的障害ではないので、普通に接してほしいと話しました。また母親には、療育機関に行くよりも園での刺激の方が大切だと伝えました。母親は、当初は「知的障害がない」ことを素直には認められませんでしたが、Fちゃんが園の友だちに見せる笑顔には気づいていました。その後、Fちゃんは療育機関をやめて、園だけの生活を送りました。

　筆者が、発達の評価や療育指導について助言している、児童発達支援事業所があります。そこの心理士に、知的障害のない子がどれくらいいるかを調べてもらったところ、2割とのことでした。知的障害がない、あるいは境界線レベルの子たちが、療育機関では増加しています。

　「障害がある」とのレッテル貼りは重大な社会問題だと思います。子どもの一生を左右する可能性があるからです。

| 現場から | 5 | 園の巡回相談で出会った子どもと保護者⑤ |

園の生活に疲れて、やっていることを途中でやめてしまう

Mちゃん（5歳児 保育園）

Mちゃんは、着替えの途中なのに動きを止めてしまうとのことでした。時に感情的になるとの話もありました。お母さんからの質問のなかには、「ごろごろするけれども、それはなぜなのか？」とありました。見ていると、彼女ははきはきした子でした。クラスでの活動では、他の子が保育者の指示を守らないと注意していました。いつも周りに気を遣っている印象がありました。

この園は、運動、ダンス、造形などの活動を重視しているようでした。

関わりとレジリエンス

小学校には、一定の授業時間のあとに「休み時間」があります。これは、長い体験のなかで置かれるようになった制度だと思います。ところが、園には決められた「休み時間」がありません。運動や造形活動などを重視している園では、日々、決められたことが次々に行われることがあるようです。

■子どもには十分な休息が必要

その結果、子どもたちは大人が設定した課題やテーマに追い立てられています。そして、疲れやすい子はぐずる、行動しないなどの姿を見せがちです。

Mちゃんが着替えを止めてしまうのは、きっと頭が疲れ果ててしまう結果だと思いました。彼女は動きを止めて寝ているようでした。そして起きると、着替えを再開します。やるべきことを、ちゃんと記憶していることがわかります。

Mちゃんのレジリエンスに必要なのは、休息です。脳を休ませる必要があります。お母さんは、子どもがごろごろする、だらだらすることを心配していましたが、大人と子どもは違います。たとえば、大人は「今日は遠足だったから早く寝なさい」と子どもに言います。それは子どもが、自分の体の疲労を感知しきれないからです。疲れを回復するために必要な休息がよくわからないからです。

自分の体調管理ができるようになるのは、大人になる前の、思春期頃からです。それまでは、大人が子どもの体調管理をする必要があります。

園で、2、3歳くらいの子が不機嫌になるのは疲れが原因であることが多いのは確かです。子どもはごろごろ、だらだらしながら、自分の疲労を回復させています。こういう時間が子どもには必要なのだと思います。

現場から 6 園の巡回相談で出会った子どもと保護者⑥

クラス崩壊？ からの脱出

（3歳児クラス⇒5歳児クラス 保育園）

3歳児クラスの頃、ふたりの男の子が相談の対象でした。実際にクラスに行くと、子どもたちのほとんどは保育者の指示を聞いていませんでした。互いにふざける、蹴る、たたく、走り回るという状況でした。確かに、ふたりの子は問題ではありました。しかし、クラス全体に問題がありました。

このクラスの特徴は、男の子が7割近くという構成だったことです。男の子が多いと、保育者の指示が通りにくくなります。ふざけることが多くなるからでもあります。

関わりとレジリエンス

子どもたちを見ていると、全く保育者の指示を聞いていないわけではありません。要所要所では、話を聞いています。そして守ろうとはしているのですが、途中でふざけ合うので指示を理解できておらず、まとまった行動ができません。

■子ども同士が接触するあそびや運動を取り入れる

ひとりっ子が多いクラスでふざけっこが多いのは、子ども同士の接触体験が少ないからではないかと話しました。きつね、おおかみ、チンパンジーなど群れを作る動物は、幼い頃にじゃれあいます。じゃれあうなかで、さまざまなことを学んでいるはずです。

人間の子どもは、将来は群れの一員にならなければなりません。そのために、じゃれ合いなどを通して、小さい頃から学ぶべきことが多いはずです。そのことを学ぶための、ふざけっこであるのではないかと思いました。

幸いなことに、体操のコーチをしていた保育者がいて、急遽担任になることになりました。その保育者の発案で、子ども同士が接触するあそび、協力し合ってする運動を積極的に取り入れるようになりました。そして、子どもひとりひとりに行動の目標を設定し、毎日評価するようにしました。できた時には、シールも貼るようにしました。

また、約束をして守るように指示しました。守れた時には、保護者にも伝え、子どもをほめてもらうようにしました。園と家庭の連係プレイができるようになりました。一足飛びに子どもは変化しませんでしたが、5歳児になった頃には、とても落ち着いてきました。子ども同士で応援したり、助け合う姿も自然に見られるようになりました。

互いが成長しあうことにより、クラス全体にレジリエンスが働くようになりました。

事例から見るレジリエンス

現場から 7　園の巡回相談で出会った子どもと保護者⑦

感情の揺れが激しく乱暴で、「多動」と見られてしまう

Sちゃん（5歳児 保育園）

　Sちゃんは、他の子にきついことばで話す、感情的になりやすい、動きが激しい、というので相談を受けにきた子でした。園では、「多動な子」ではないかと思われていました。ただ、様子を見ていると、活発で勝気な女の子という印象でした。負けず嫌いでもあるようでした。会話をすると、理解力の高さがうかがわれました。

　家庭の話を聞くと、お母さんがうつ病で、メンタル面に問題があり、ひとりっ子の彼女が買い物や家事の手伝いをしているとのことでした。

関わりとレジリエンス

　母親にメンタル面での問題がある場合、特に女の子のなかには、「母親」の役割を果たそうとする子がいます。まだ幼児期の子どもですから、十分なことはできませんが、家事のことなどを考えます。子どもの成長にとって、「早く大人になること」は決して好ましいことではないように思いますが、家庭の事情もありますから仕方がありません。

■Sちゃんの頑張りを認める
　Sちゃんは活発で勝気、理解力も高いので、園でも家庭でも頑張れていると保育者たちに話しました。しかし、まだまだ子どもです。保育者たちからの温かい声かけは、彼女にとり何よりの励ましになります。メンタル面に問題がある母親と子どもの関係について、保育者たちの理解は深まったのでしょう。レジリエンスが働き、対応も変わり、彼女は泣いたりしなくなりました。

　父親も、Sちゃんとのスキンシップを心がけ、またふたりでの外出もするようになりました。さまざまな支えが入り、彼女が本来持っている賢さもよい影響を与え、その後は巡回相談の対象ではなくなりました。

　子どもは5、6歳になると、自分の家庭と他の子の家庭の比較をし始めます。小学生になれば、友だち同士で離婚、再婚、貧困、親からの暴力、失業、転職などの話を交わすようになります。子どもたちの話す内容を聞いていると、大人のような話題が出てきます。子どもからすれば、自分の生活に直接関係することです。ですから、マイナスの話題に関心を持つことは不思議ではありません。

　他の家との違いを認識しだす頃です。やはり、自分の家に不足する面があると感じる子には、特別な配慮が必要となります。特に、シングルマザーの家庭の多くは、貧困を抱えているといわれます。ただ、問題は貧困ばかりではありません。シングルで子どもを育てるのは大変なのですが、なかなか周りからほめられたりしません。

　さまざまな問題がありながらも、日々子どもを育てている母親にこそ、承認、激励が必要で、子どもにも「お母さんは頑張っているよ」と伝えたいものです。

現場から 8　園の巡回相談で出会った子どもと保護者⑧

考える力が弱い子の母親が、園の対応にいらだってしまう

Yくん（5歳児 保育園）

　Yくんは、他の子への乱暴、衝動性が高い、学ぶ力が弱いということで、巡回相談の対象になりました。確かに見ていると、相談表に書かれているとおりでしたが、その程度は極端ではないと感じました。周りを見ながら、行動しているとの印象を持ちました。つまりは、ある程度コントロールできている子と判断しました。ただ、保育者たちにとって「扱いにくい子」なのは間違いありません。同じクラスの子の保護者からも、苦情が寄せられるようになりました。乱暴するからです。

　彼は、頭のなかであれこれ考える力が弱く、たとえば保育者から「お絵かきしましょう」と言われると、何をかいていいのかがわからないようでした。

関わりとレジリエンス

　保育者には、彼には「何を、どうやってかけばいいか」などを、丁寧に教えるようにと話しました。その結果でしょう。ある日、「動物をかきましょう」と保育者が話すと、以前だったら「何をかけばいいんだよ！」とパニックになっていたYくんです。それが動物図鑑を取りに行き、それをもとにかくようになりました。

■保護者自身のケアを慎重に

　頭のなかで、あれこれ考えられない自分の不得手をカバーする方法を、彼は身につけました。ワーキングメモリの弱さを補強できるようになりました。そのこともあって、Yくんは、園では落ち着いてきました。ただ、彼の問題行動は全くなくなったわけではありません。他の子とのいさかいなどが減ったとはいえ、絶えません。園としては保護者に「彼の所業」をお便り帳に書かざるを得ません。

　このことに母親は頭にきました。自分では一生懸命頑張って、働きながら子育てしているのに、誰もわかってくれないことに、複雑な気持ちを抱くようになりました。被害者的な見方をするようになりました。

　子どもの方は落ち着きだし、よくなっているのですが、母親は保育者に言われることを信じられなくなりました。その結果、卒園するまで保育者と保護者との関係はよくなりませんでした。

　親のレジリエンスという観点から見れば、母親への説明の仕方に問題があったのかもしれません。時に、乱暴、泣き叫ぶなどの問題がある子の保護者は、自分の子が「人に迷惑をかけている」と強く思いがちです。子どものなかにはそういう子がいるのは自然で、決して「迷惑」ではないことを強調して保育者に伝えてもらうべきだったと反省します。

　親の思いは、関わる専門家が思いもよらぬ内容だったりします。その心の奥深いところに、思いをはせる気持ちも必要だと感じました。

事例から見るレジリエンス

85

現場から 9 「療育」※に通う子どものケース①

友だち関係がうまくいかず、生活も不規則・不安定に

Cちゃん（小学5年生）

　Cちゃんは、幼児期から、友だちにおもちゃを貸せなかったり、順番を守れなかったりすることがあり、人との関わりや集団行動に苦手さがあったようです。小学校に入学すると、Cちゃんのマイペースな行動を友だちから強く注意される場面が増え、登校を渋る姿が出てきました。その都度、先生に仲介をしていただきながら登校を続けてきたそうですが、小学4年生の時に友だちとけんかしたことをきっかけに登校できなくなってしまいました。それからは、朝起きられなくなり、生活がどんどん夜型になっていきました。体調も不安定で、慢性の便秘と夜尿に悩まされていました。相談にみえた5年生の時は、生活への意欲全般が低下している状態に見えました。

関わりとレジリエンス

　初めての相談で、ご両親が希望されたのは、「登校できるようにすること」「友だちとのコミュニケーション力をつけること」でした。しかし、Cちゃんの状態をうかがい、まずは「朝型の生活リズムをつけ、体調を整えること」が先決と助言しました。

■生活リズムを安定させる

　生活が安定していないと、レジリエンスはなかなか育たないものだと思います。早寝早起きして、食事を規則的に摂り、着替え等の身の回りのことを自分で行うなかで、自ら生活する意欲が生まれてきます。生活習慣を整えることは、レジリエンスを育てる基礎となります。ご両親には、無理なく少しずつ朝型に移行しつつ、毎日のスケジュールをボードに書いてCちゃんと確認するように助言しました。ちょうど、Cちゃんの希望で犬を飼い始めたので、起きたら親子で犬の散歩をすることにしました。朝陽を浴びながら軽い運動をし、朝食もしっかり摂るようになったことで、体調も改善しました。

■好きなことを活かし家庭内で役割を持つ

　睡眠リズムが整ってきたところで、家で充実した時間を過ごせるよう、犬の世話をCちゃんに任せました。これまで集団についていくのが精一杯でしたが、世話をする立場に立ったことは、大きな自信になったようです。明るい笑顔が見られ始めました。
　また、料理が好きだったので、おやつ作りをお願いすることにしました。作り方がわからないところをお母さんに聞く機会にもなり、人を頼るとうまくいくことも実感できたようです。
　自分が所属する集団のなかで「役に立っている」「頼りにされている」と感じられると、少々の失敗やつらい出来事があっても、立ち直ることができるものです。まずは家庭のなかで、役に立つ存在になることが、レジリエンスを育てることになると思います。
　Cちゃんは、5年生から料理クラブに入ったことをきっかけに、登校し始めました。まだたまに「今日は行きたくないな」という日はありますが、1日休むと気持ちを立て直し、登校できるようになっています。

※療育機関…障害がある、あるいはその可能性のある子どもたちに対し、将来自立した生活が送れることを目指して、治療・教育・支援を行う。課題や運動、あそび、生活面の指導等のほか、保護者へのアドバイスや関係機関との連携を行う。発達段階や障害の特徴等に合わせ、専門知識や資格を持ったスタッフが担当する。児童福祉法の下で行われる児童発達支援センター、児童発達支援事業、放課後等デイサービスのほか、民間の療育機関もある。社会参加と自立を目指す点は共通であるが、療育法は療育機関によって異なることが多い。

> 現場から **10** 「療育」に通う子どものケース②

誰にも相談できず、悩みを抱えてしまう

Dくん（専門学校2年生）

Dくんは小学3年生から10年間療育に通っていました。高校卒業後は、専門学校に入学し、無事に1年が過ぎたので、周囲の大人たちは安心していたのですが、Dくんから「専門学校をやめたい」と相談されました。憧れていた学校でしたが、実際に勉強を始めてみるとうまくいかないことが多く、「自分に向いているのか？」と悩んでいたようです。

「最近は何をしても楽しくない、食事もあまり食べられない」と、憔悴した様子でした。

関わりとレジリエンス

相談を受けた際、実はとても驚きました。というのも、自分から相談してきたのは初めてだったのです。中学生頃からは学業や友だち関係等に悩んでいる様子でしたが、アドバイスしようとすると反抗して受け付けない状態でした。相談ができたことはDくんの成長と思います。ただ、今の状態になるまで誰にも相談できなかったことは、筆者自身も含め周囲の大人の対応に問題があったと言わざるを得ません。

■安心して気持ちを話せる環境を

小さい頃のDくんは、とても活発で天真爛漫な子どもでした。じっとしているのが苦手でチョロチョロ動き回り、注意されてもすぐに忘れてケロッとしています。そうしたDくんの様子に大人は、行動をコントロールすることや約束して守らせること等、指示的な関わりが多くなっていたと思います。

小学生時代は立ち直りのとても早いDくんでしたが、思春期に入ると様子が一変します。周りの評価に敏感で被害的に受け止めやすく、人との関わりも消極的になりました。「言ってもムダ」が口癖でした。

注意集中の短い子どもは、いやなことをすぐに忘れてしまうため、一見レジリエンスが高く見えることがあります。しかしワーキングメモリが伸びてくると、いやなことを覚えていられるようになり、実はレジリエンスが育っていないことに気づかされます。幼児期、学童期から、気持ちを表現させる場面を作り、人に頼って立ち直る経験を積んでいく必要があると思います。

■あきらめずに寄り添う存在に

思春期は大人への反抗が強かったDくんですが、その間もご両親は療育に通わせ続け、皆で見守ってきました。周囲の手助けを跳ね返してしまう場合でも、寄り添い続けていれば、年齢とともに受け入れられるようになっていくことがあります。Dくんの場合も、長年寄り添ってきた存在がいたからこそ、遅ればせながらであっても頼ることができたのだと思います。

Dくんに対しては、学校をやめたい気持ちに共感し、これまで通い続けたことをねぎらい、やめたあとの進路を一緒に考えました。その結果、話したことで気持ちが楽になり、元気を取り戻しました。今は自分の夢や適性を探りながら、新しい一歩を踏み出そうとしています。

執筆者 profile　小倉尚子…大学卒業後、発達協会に勤務し、発達障害のある子どもたちの指導と保護者の相談に携わる。現在、公益社団法人 発達協会 療育部統括部長。早稲田大学非常勤講師、墨田区保育園心理相談員、練馬区学童クラブ巡回相談員、言語聴覚士、社会福祉士、精神保健福祉士。

現場から **11** 「児童発達支援」※に通う子どものケース

何ごとにも不安で自信が持てず、力を発揮できない

Cくん（3歳児 幼稚園）

　Cくんは、おうちのなかでは自然に話して楽しく過ごしていますが、家から一歩外に出ると表情が固まり、人と関わることや会話が難しくなってしまいます。不安が強く、特に慣れない人や場所が苦手でした。幼稚園に入園して半年近く過ぎても、登園時にお母さんから離れられず、毎日泣いてばかり。幼稚園での活動に参加できず、短時間で帰宅することもありました。お母さんも保育者も、どのように対応していいのかわからず困っていました。

関わりとレジリエンス

　Cくんは、不安を感じて何もできないことで自信を失っており、本来の力を発揮するのが難しい状態のようでした。まずは小さな成功体験を積み上げ、Cくんをほめて承認するというポイントをお母さんと共有し、お母さんから幼稚園に伝えていただきました。

■成功体験を積み上げる

　得意なことで自信をつけてもらおうと、保育者はCくんをお絵かきに誘いました（お絵かきが好きで、おうちのなかではひとりでかいていたそうです）。幼稚園では、いつもは泣いてばかりで、製作活動にはほとんど参加したことがないCくんですが、その日は気が向いたのかクレヨンを手に取り、とても素敵な車をかきました。保育者はCくんの初めての姿に驚き、「かっこいい車だね。すごいね、上手！」と大絶賛。それからCくんは、少しずつおうち以外でも絵をかくようになりました。
　保育者に自分の好きなあそびをたくさんほめられたことで、「ぼくにもできる」という自信が芽生えたようです。

■自信がつくことによって変化する

　そして周囲との関わり方にも変化がみられるようになりました。これまでCくんから発信することはほとんどありませんでしたが、自信をつけたことで、自分の作品を「見て！」と大人に持っていくなど、Cくんから他者へ働きかける場面がみられるようになりました。また、泣かずに落ち着いて活動に参加する機会も増え、自分の気持ちや感情をコントロールする力も育ってきているようでした。
　子どもは、自分の身の回りの大人から認められたいと思っています（社会的承認欲求）。大人から認められて社会的承認欲求が満たされると、自信がついてレジリエンスが働き、困難があっても乗り越えようと頑張れるようになるでしょう。
　Cくんの場合、社会的承認欲求があっても、不安が強いため、それを上手に表現することができていませんでした。しかし、保育者から認められたことで自信がついて、社会的承認欲求を表現するようになり、さらにそれが満たされたことで、慣れない人や場所に対して不安を感じても、乗り越えようとするレジリエンスが発揮されたと考えられます。

※児童発達支援と放課後等デイサービス…いずれも障害児通所支援のひとつで、日常生活の自立、ことばやコミュニケーション能力の向上、集団生活への適応などを目的に、ひとりひとりの子どもの状態に応じて、個別やグループ指導、保護者への相談支援を行う。未就学児は「児童発達支援」、就学以降は「放課後等デイサービス」が対象となる。法改正によって、園や学校との連携が求められている。

現場から 12 「放課後等デイサービス」※に通う子どものケース

人との距離感がつかめず、友だちとうまく関われない

Uちゃん（小学2年生）

Uちゃんは、友だちとの関わりが苦手です。幼稚園の頃は、自分のあそびに夢中になってしまい、あまり人に興味がないようで、いつもひとりぼっちでした。小学生になって、ようやくクラスの友だちがあそぶ姿をじっと見つめる場面が増え、Uちゃんから友だちに話しかけるようになりました。

しかし、友だちの輪に割り込んで、大好きなアニメのキャラクターについて一方的に話すなど、Uちゃんの話はまるで独り言のようです。友だちにまとわりついていやがられたり、仲間に入れてもらえず泣いてしまうなど、トラブルに発展することもありました。

関わりとレジリエンス

Uちゃんは、人と関わりたい気持ちはありますが、会話のルールがよくわかっておらず、どのような内容でも、相手が何をしていても自分の話は聞いてもらえると誤解しているようでした。また、友だちにいやがられていても、その理由を理解することが難しいようでした。人との適切な関わり方について大人が教え、意識させる必要があるでしょう。初めはお母さんがUちゃんと友だちとの関係作りをサポートし、徐々に子ども同士だけで関係を結べるように導いていくことがポイントだと考えました。

■問題を乗り越えるための機会作り

お母さんは、まずUちゃんに人との関わり方を教える機会を作ることにしました。自宅に玩具やお菓子を用意し、放課後のあそびの場としてクラスメイトを毎日招き入れたのです。友だちの輪に入りたいUちゃんは大喜びでした。

■支えて、そして励ます

次にお母さんは、Uちゃんと友だちの仲介役になりました。Uちゃんが一方的に話しすぎた時は「お友だちだって、話を聞きたくない時もあるよ」と声をかけ、Uちゃんに気づきを促し、会話にはルールがあることを具体的に何度も教えました。

それでも友だちとトラブルになったら、お母さんは「お友だちと仲よくしたいのね。大丈夫、また頑張ろう」と、人と関わりたい気持ちを受け止めたうえで、Uちゃんを励ましたのでした。レジリエンスを働かせ、Uちゃんはめげずに頑張りました。

その後、友人関係に少しずつ変化がみられるようになりました。お母さんのサポートなしに子ども同士であそぶことが増え、小学3年生の頃には、気の合う友だちも見つかり、2、3人の仲よしグループの輪に入るようになりました。

Uちゃんのように、困りごとへの対応法がわからない子どもには、大人が適切な方法を教えることが重要です。また、お母さんが、そばで一緒に困難を乗り越えようとしたことは、Uちゃんの大きな心の支えになったことでしょう。

このように、子どもがレジリエンスを発揮するには、大人に支えられ、「いつも自分のことを見ていてくれる人がいて、何があっても助けてくれる」と実感することが大切です。

執筆者 profile　岡田真紀子…言語聴覚士。病院や児童発達支援・放課後等デイサービスの多機能型事業所に勤務。ことばやコミュニケーションに心配がある子どもへの個別指導や保護者への相談支援を行う。現在は公益社団法人発達協会王子クリニック勤務。

| 現場から | **13** | 中学校の「相談室」※に通う子どものケース① |

部活での友人関係に悩み、自分の殻に閉じこもってしまう

Eさん（中学1年生）

　Eさんは、自分を強く主張するタイプではありませんでした。入部してすぐに部活動での人間関係に悩み始めました。表面上は仲よく見えるのに、陰で悪口を言い合う友人関係に混乱を覚えたようです。自分が悪口を言われているわけではなかったようでしたが、そのような光景を目の当たりにして、どのように友人関係を築いていったらいいのか、どうやって友人関係を持続させていったらいいのか悩むようになりました。そして、次第に体調にも心の不安が表れるようになっていきました。

関わりとレジリエンス

　本人やご両親と学校側の話し合いにより、Eさんの相談室登校が決まりました。Eさんは最初、口数少なく表情も硬かったのですが、やがて、相談室の生徒や先輩たちと打ち解けるようになりました。

■自分の好きなことを誰かと共有する

　相談室の生徒は、教室にいる生徒と同じように芸能人やおしゃれに興味があるものですが、Eさんはそうではありませんでした。でも、あるミュージシャンを好きになったことをきっかけに、Eさんはそのミュージシャンについてインターネットを利用して多くの情報を得ていきました。
　自分のなかの感情に悶々としていたのですが、外側に気持ちが向いていきました。人はたくさんの情報を得ていくと、その情報を誰かと共有したくなることがあります。Eさんもその情報を周りに伝えながら、相談室の生徒だけではなく教室にいる同級生とのつながりもできていきました。次第にEさんは相談室を学校生活の拠点としながら、授業を学級で受けるようになりました。そして3年生に進級する時にはEさんは学級に戻ることを選択しました。学級の子と関わったり授業中の様子を見たりするなかで、自分だけの想いにとらわれずに、現実の受験に目を向けていきました。
　好きなことがあって、それを誰かと共有したいとの想いは、レジリエンスにはとても重要なことだと思います。好きなことは「今」のつらい気持ちを忘れさせてくれるだけでなく、幸せな気持ちをもたらしてくれます。またそれを共有する誰かがいることで、他の人にも目が向き自分だけの気持ちから広がりができていきます。目標を持つということは「今・ここ」で立ち止まっている気持ちを前に向かわせてくれます。レジリエンスを身につけることで、目の前のつらい状況は変わっていなくても本人の心持ちが変わります。「今日より素敵な明日」は誰にでも訪れる可能性があるのです。

※相談室…学級には入れないけれど学校には行くことができるという生徒が登校してきて、その子のペースに合わせて生活していく場。相談室での過ごし方はさまざまで、その子に合わせて勉強は取り入れていく。毎日定時に来て定時まで過ごす子もいれば、ふらっと現れて数時間過ごしてから帰るという子もいる。中学校は義務教育なので進級もする。なお、相談室の設置の仕方は、自治体によって違いがある。

| 現場から | **14** | 中学校の「相談室」に通う子どものケース②

今の自分を受け入れることができず、頑張りすぎてしまう

Aさん（中学3年生）

　Aさんには優秀な兄がいて、感受性の強いAさんは、いつも比べられているように思えていたようです。親の望むような子どもになりたいと強く願いながら、なかなかそうできない葛藤のなかで思春期を迎えました。

　出会った頃のAさんは、睡眠が不規則で定時には登校できなかったのですが、「学校に行かなくては」という想いはあり、気持ちが向いた時にようやく相談室に登校してきました。そして「ちょっと教室に行ってくるわ」と言って教室に向かうのですが、心理的な疲労は体調や機嫌によく表れていました。

関わりとレジリエンス

　Aさんが教室に堂々と遅刻してくる（ように見える）様子やはきはきとモノを言う様子から、なかなかAさんの心の奥のつらい心情や身体的な不調は周りに理解してもらえず、周りは簡単に「学級においでよ」とAさんに期待をしていました。

■「頑張らない」ことを認める

　周りの期待に応えたいAさんは、自分のできる範囲を超えて頑張り続けていました。「今日は目が見えづらい」「今日は耳がよく聞こえない」ということもしばしばあり、それはどういうことなのだろうとよく思ったものです。

　しかしそれは彼女にとっては真実で、Aさんの頑張りの代償のようでした。Aさんは、誰にも認められていないという想いと、それは自分の頑張りが足りないからだという自分を責める気持ちからずっと逃れられずにいたようだったので、頑張らないことを認めることからスタートしました。

　最初はAさん自身が頑張らないことを許すことができずにいたので、なんとか学級に行こうとするAさんを無理に引き止めることはせず、ただ「そんなに頑張らなくてもいいよ」というメッセージは送り続けました。そのうちAさんの方から「学級に行きたくないんだよね」と漏らすようになり、少しずつ弱音を吐き出せるようになっていきました。そして、段々と体調も気持ちも安定し、無事に高校へと進学していきました。

　頑張りすぎないようにするためには、今の自分を素直に認めることからだと思います。しかし頑張っている本人は努力がまだ足りないと思ってしまうようです。そういう場合には、第三者が本人の頑張りを認めてあげることがとても大切です。誰かに認められると人は自分を受け入れてもらえたと感じることができます。それは自分を認めることにつながります。

　「こういう自分でもまあいいか」と思えることで肩の力は抜け、足元ばかり見ていた目線はしっかりと前を向くことができます。前を向くことこそレジリエンスには必要なことだと思います。

執筆者 profile **渥美友弥子**…認定心理士、保育士、元ほほえみ相談員。岐阜県内の公立中学校に常勤し、「ほほえみ相談員」として、相談室に通う子どもたちの学校生活をサポート。担任と子どもたちをつなぐパイプ役としても関わる。現在は岐阜県可児市子育て支援センター「はーとふる」に勤務。

現場から 15　「クリニック」※に通う子どものケース①

自立の時期に関わる葛藤と身体的反応

Eちゃん（小学5年生）

　Eちゃんは「おなかが痛い」という訴えで受診しました。内科的な病気はないということで、心理担当に回ってきました。彼女と話していると、理解力の高い子であることがわかりました。

　小学5、6年生の女子では、「仲間外れにされた」など、友だち関係の問題が身体反応を引き起こすことがあります。そこで、友だちとのことを聞きました。それに対して、「話が合わないことがある」との答えでした。お母さんに話を聞くと、「最近テレビのニュースを見ながら意見を言うようになった」とのことでした。

関わりとレジリエンス

　女子大学生に小学5、6年生の頃の思い出を聞いたところ、人間関係にまつわる「いやな思い出」が一番多くあげられました。内容は、「友だち3人で仲がよかったのに、わたしだけ仲間外れにされた」「友だちがわたしの話を聞いてくれなくなった」などです。同性の友だち関係が壊れる、あるいは壊れることを恐れる気持ちが思い出として残っています。また、「話を聞いてくれなくなった、会話がなくなった」という関係の遮断もあります。

■意見を言うのは自立への一歩

　中学生になると、「友だち関係への意識」が女子には強まるようです。この時期は、自分の考えがはっきりとしだす時期でもあります。自分の考えや意見を言えるようになることは、自立のために必要不可欠な能力です。お母さんが話す、「テレビのニュースを見ながら意見を言うようになった」は、自立に向かいだしたという証でもあります。

　ただし、意見をはっきりと言うことで、友だち同士の相違が浮きぼりになります。そのことで、これまでの仲よしだった関係が不安定になることもあります。Eちゃんは「話が合わないことがある」と話します。彼女は、友だち関係が不安定になることはよいことだと思っていないのでしょう。それが「おなかが痛い」という身体的反応につながっている可能性があります。

　お母さんには、自分の意見や考えが出てくる時期であること、お子さんの話を否定せずに聞くこと、また、友だち関係についての助言は必要とアドバイスしました。その後、「お母さんの話は参考になる」と娘に言われたと報告がありました。徐々にレジリエンスが働き、彼女は、立ち直りのきっかけを得ました。

※クリニック…筆者が勤務するクリニックは、発達障害を主な対象とする医療機関。筆者は、そこで発達の評価、心理・発達相談を行っている。

| 現場から 16 | 「クリニック」に通う子どものケース② |

父親―息子関係の困難さとレジリエンス

Kくん（中学2年生）

　Kくんは、反抗的ということでやってきました。親から「やってはいけない」とされる夜あそびをはじめ、勉強しない、口答えをする、それも度を越えているというのが母親の訴えでした。ひとりっ子の彼の話を聞いていると、「どうせ俺なんか何もできないよ」という意識が見えてきました。

　自己評価の低さの原因は、「優秀で社会的評価も高い」父親にあるようでした。父親は努力家でもあり、「正論」を彼に説きます。このままだと父親―息子の関係は破たんし、修復が難しくなると母親に話しました。そこで、父親と息子のふたり旅を提案しました。

関わりとレジリエンス

　思春期はエネルギーが噴き出る時期でもあります。父親との関係に葛藤を抱えると、強く反発し反抗を貫き通す子もいます。それに対して親が正論を持って説き伏せようとしても、多くの場合は有効ではありません。

■「上下」ではなく「対等」な関係を築く

　自分の子どもが小さい時は、自分の考えや理想像との「違い」に目がいきます。その違いに目がいくので、叱ったり、注意して修正しようとします。まだ小学生くらいまでは、「叱ったり、注意したり」が有効だったりしますが、葛藤している「自立期」にあっては、反発を生むだけのことがあります。

　ここで、親が「正論」で説き伏せようとすれば、子どもはそれを「嘘」と感じて反発を強めます。親にも、たくさんの欠点があること、つまりは聖人君子でないことを子どもはよく知っています。

　旅を勧めたのは、父親―息子の「上下関係」を忘れさせるためです。旅は、互いに協力し合わないとスムーズに進みません。旅の間には、「待つこと」「急がなくてはいけないこと」などの場面が生まれます。そういった場面のなかで、協力し合うという「平等の関係」に気づいてもらいたいと考えました。

　もうひとつお願いしたのは、父親には自慢話や正論ではなく、息子の年齢の時にした失敗話や恥ずかしかったできごとを話してもらうことです。思春期の子どもは、親の失敗談などには耳を傾けます。母親は、旅行中の4日間「けんかした」と話しながら、ふたりが旅を中断しなかったことに驚いていました。

　子どもが大人になると、親の自分に似ている感じ方、考え方などに気づきだします。その時に、親子関係はさらに深まるようです。子どもが、親と似たところに目を向ける、それも子どものレジリエンスを強める働きがあるようです。

おわりに

「レジリエンス」は、大人のメンタルヘルスに関して知られるようになったことばです。レジリエンス＝「立ち直る力」の弱さ、不足が、大人の精神的な問題につながるとされます。

ある時、学研の猿山智子さんから、子どもの成長とレジリエンスの関係について、まとめてほしいとの依頼を受けました。発達障害のある子は、育つなかで二次障害が起こりやすいとされます。二次障害は、情緒的な問題につながり、実際に社会に出ていけなくなることもあります。そのために、立ち直る力が必要だとされますが、子どもの力よりも、障害に配慮した環境調整型の発想が主です。しかし、本当に子どもは立ち直る力を持たず、育たないのか、と思ってきました。

依頼を受けてから、猿山さんと繰り返し話し合いをしました。そのなかで、この本の目的、それに具体的な内容が決まってきました。

合わせて、関連の専門職の方々にも話を聞きました。特に、発達障害のある子と関わる療育の専門家は、「レジリエンス」という考え方に強い興味を示しました。

ここ10年ほど、園や学校で「気になる子」の相談を受けるようになりました。療育や医療機関でも、はっきりとした発達障害はない、「気になる子」と関わることが増えています。なぜ「気になる」のか。そのなかには、社会性や感情コントロールなどに問題のある子がいます。場面のきりかえについていけない子もいます。新しい場面に対応できない子たち。その子たちは、本来子どもが持っているはずの「立ち直る力」が弱く、不足しています。

子どもは本来、「立ち直る力」を持っている

子どもは本来立ち直る力を持っています。その証拠に、いつまでも泣き続けられる子はいません。専門家は、必ず泣きやむことを知っています。泣きやむ時に、子どものものの見方が変化している可能性があります。見方の変化が立ち直る力を育てることになるでしょう。

子どもにとって、怒り続けることは難しいようです。けんかしていた子が、怒りをけろりと忘れ、また争いの相手の子とあそびだしたりします。きょうだいげんかもそうです。けんかした相手と「仲直りできること」を学ぶために、きょうだいげんかをするともいわれます。子どもの怒りは続かず、まさに「昨日の敵は今日の友」のような姿を見せます。この姿の根底には、レジリエンスが見えます。

　子どもは、あまり「嫌い」ということばを使いません（頻繁に「嫌い」を使う子は、情緒面に問題がある可能性があります）。子どもは、人を嫌いになりきれないのでしょう。嫌いになりきれない子どもは、人への見方を変えることによって嫌いから抜けていくのでしょう。ここにもレジリエンスが働いています。

レジリエンスこそ、子育ての最大の目的

　多くの人たちと話し合うなかで、子育ての最大の目的は、「レジリエンス＝立ち直る力」をつけることではないかという結論に至りました。ストレスにさらされた時に、立ち直る力が働かなければ、それに打ち負けてしまいます。勉強でもスポーツでも、あるいは人との関係においても、ストレスはつきものといえます。ストレスがかかった時に、それに負けずに、乗り越えていく力こそ子育ての基本におくべきだと思います。

移りゆく世界とレジリエンス

　子どもがこれから生きていく世界は、今まで以上に変化に富んだものになるでしょう。急激な変化は、人にとり大きなストレスになります。子どもが大人になった時に、その変化に負けないような立ち直る力を身につけてほしい、この本はその願いを実現するために作られました。

2018年1月　湯汲 英史（ゆくみ えいし）

Profile

湯汲英史 (Eishi Yukumi)

言語聴覚士・精神保健福祉士。早稲田大学第一文学部心理学専攻卒。公益社団法人発達協会王子クリニック リハビリテーション室、同協会常務理事。早稲田大学非常勤講師、練馬区保育園および西東京市の学童保育巡回相談員などを務める。
『子育てが楽になることばかけ　関わりことば26』(すずき出版)、『発達促進ドリル』(すずき出版)、『なぜ伝わらないのか、どうしたら伝わるのか』(大揚社)、『決定権を誤解する子、理由を言えない子』(かもがわ出版)、『0歳〜6歳 子どもの社会性の発達と保育の本』(Gakken)など、著書多数。

執筆協力

渥美友弥子 (P.90-91)　小倉尚子 (P.86-87)　岡田真紀子 (P.88-89)

参考文献

・湯汲英史 (著)『気持ちのコントロールが苦手な子への　切りかえことば26』すずき出版　2014
・湯汲英史 (著)『0歳〜6歳 子どもの社会性の発達と保育の本』学研プラス　2015
・カレン・ル・ビロン (著)　石塚由香子、狩野綾子 (訳)
　『フランスの子どもはなんでも食べる　好き嫌いしない、よく食べる子どもが育つ10のルール』WAVE出版　2015
・NHKスペシャル取材班 (著)『ママたちが非常事態!?　最新科学で読み解くニッポンの子育て』ポプラ社　2016
・シェリル・サンドバーグ、アダム・グラント (著)　櫻井祐子 (訳)『OPTION B』日本経済新聞出版社　2017
・ポール・ブルーム (著)　竹田円 (訳)『ジャスト・ベイビー　赤ちゃんが教えてくれる善悪の起源』NTT出版　2015

Staff

デ ザ イ ン●長谷川由美　千葉匠子
表紙イラスト●まつおかたかこ
本文イラスト●常永美弥　まつおかたかこ
校　　　　閲●株式会社 麦秋アートセンター

Gakken保育Books

子どもの発達とレジリエンス保育の本

2018年2月20日　第1刷発行
2023年1月31日　第6刷発行

著　　者●湯汲英史
発 行 人●土屋　徹
編 集 人●志村俊幸
企画編集●猿山智子
発 行 所●株式会社Gakken
　　　　　〒141-8416 東京都品川区西五反田2-11-8
印 刷 所●中央精版印刷株式会社

●この本に関する各種お問い合わせ先
本の内容については、下記サイトのお問い合わせフォームよりお願いします。
https://www.corp-gakken.co.jp/contact/
【書店購入の場合】
在庫については　Tel 03-6431-1250(販売部)
不良品(落丁、乱丁)については　Tel 0570-000577
学研業務センター　〒354-0045　埼玉県入間郡三芳町上富279-1
【代理店購入の場合】
在庫、不良品(落丁、乱丁)については　Tel 03-6431-1165(事業部直通)
上記以外のお問い合わせは　Tel 0570-056-710(学研グループ総合案内)

©Eishi Yukumi 2018 Printed in Japan

本書の無断転載、複製、複写(コピー)、翻訳を禁じます。
本書を代行業者等の第三者に依頼してスキャンやデジタル化することは、たとえ個人や家庭内の利用であっても、著作権法上、認められておりません。

学研グループの書籍・雑誌についての新刊情報・詳細情報は、下記をご覧ください。
学研出版サイト https://hon.gakken.jp/